脳が目覚める 実用 大人の折り紙

きこ書房

東北大学教授
川島 隆太 監修 × おりがみ会館館長 **小林 一夫** 編

はじめに

　この本では、お祝いの招待状からテーブル飾り、贈りものを入れる箱や、食べ物のお皿、コースター、動物の箸置きといった日常生活で便利に使える折り紙から、まるで本物のようなケーキボックスまで、ホームパーティーで子どもから大人まで喜ばせるユーモアあふれる作品、お部屋を飾れるアイテムなど、国際感覚に合わせた季節感あふれる作品の数々をご紹介いたします。

　新聞のチラシなどのリサイクル紙やラッピングペーパー、壁紙など紙の質・厚さ・文様・色彩などを選ぶことで、一枚の紙が色の組み合わせや紙の種類・質感によって雰囲気を変え、さまざまな形に変化していく楽しさがあります。しかも、時と場所を選ばないだけでなく、特別な道具も必要とせず、年齢や性別を問わず楽しめます。

　「本を見ても私には難しくて折れない」などと思い込まないでください。落ち着いて折り方図をよく見ると、どのような作品でも最初の「折りの共通性」が数カ所あることが分かるはずです。それに気づかれたら、貴方は大変な技術の進歩です。後は折る経験を重ねていくと、「目から鱗が落ちる」ように何でも折ることができます。

　指を使うことで脳を刺激し、集中力、創造力、秩序の感覚が養われる「教育的効果」や、「若返る」「ストレス解消」などという東北大学の川島隆太教授のいわれる脳科学上の効用は絶大です。

　「折る技術」の他に「表現力や美しさ」を競う楽しさもありますが、なによりも大切なことは「心を贈る」ことです。貴方の心を込めたひと折りひと折りの作品をプレゼントすれば、誠意となって相手に必ず伝わります。

　貴方の感性を活かした、一味違った折り紙を楽しんでみませんか。喜びのメッセージに「季節の折り紙」を添えれば、心が和む「紙ニュケーション」となること、間違いありません。

　　　　　　　　おりがみ会館　四代目・館主　**小林 一夫**

CONTENTS

脳が目覚める 実用 大人の折り紙

はじめに p2
折り紙で脳が活性化される！ p4

1 ペーパープレート p6

2 花びらのお皿
帽子型の箸置き p7

3 ランチョンマット p8

4 バースデーボール p9

5 カーネーション
封筒 p10

6 バラの器
三角のコースター p11

7 あじさいの
メッセージカード p12

8 プレゼントの
ラッピング p13

9 あさがおのうちわ p14

10 格子柄の
コースター p15

11 ランチボックス p16

12 舟の器
四角い器 p17

13 財布と定期入れ p18

14 花型の器 p19

15 ランチョンマット p20

16 ワインボトルの
ラッピング p21

17 スナックボックス
手裏剣型コースター p22

18 鶴のカードスタンド
ブックマーク p23

19 クリスマスプレゼント
のラッピング p24

20 ケーキボックス p25

21 バッグスタイルの
ラッピング p26

22 ピラミッド型の容器 p27

23 ポインセチアの飾り p28

24 お年玉袋 p29

25 たとう折り p30

26 うさぎの箸置き
お祝いの箸袋ABC p31

27 プレゼントボックス
ハートの飾り p32

基本の折り方 p33
折り方図 p36

折り紙で脳が活性化される！

「どんな作品になるのかな？」と考えながら折り紙を折っていくのは楽しいものですが、それが脳の活性化につながることが最近の研究で分かっています。以下に説明するのは、最先端の脳科学技術を用いた、東北大学未来科学技術共同研究センターとの産学共同研究によって明らかになったことです。

折り紙で脳が元気になる

いくつになっても、折り紙は楽しいもの。思いどおりの作品を作りあげたうれしさもまた、折り紙の醍醐味といえるでしょう。さらに、作品を身近に飾っておけるのも魅力の1つです。

東北大学未来科学技術共同研究センターとの産学共同研究の結果、これらのことが「脳の前頭前野を活性化させる」という事実もわかってきました。

一般的に、脳細胞は20歳までが発達のピークといわれています。しかし、前頭前野を活性化させることによって、身体の筋肉を鍛えるのと同じように、いくつになっても元気な脳を保ち、さらに成長させることが期待できます。

折って楽しい、完成してうれしいということだけにとどまらない「折り紙の力」について、最新の実験結果を紹介します。

折り紙と「脳の活性化」の関係

東北大学未来科学技術共同研究センターの川島隆太教授の研究室で、「光トポグラフィー」を用いて脳の中の血液の流れを画像化して調べてみました。

脳は活発に働いている場所ほど、血液の流れが早くなります。何かをしているときの血液の流れを画像にすると、脳のどこの部分がどれだけ機能しているのかが分かります。

光トポグラフィーは、装置をつけた頭の真下の部分しか見れませんが、体の自由がきくので、いろいろな行動をする際の脳の働きが調べられます。

折り紙を折る行為と脳の活性化について実験を行った結果が、以下の表です。

本書掲載の「うさぎの箸置き」(31、73ページ)、「お祝いの箸袋」(31、74、75ページ) を折って

SDは標準偏差。小さいほど個人間のばらつきが小さいと判断する。

タスク	右平均	左平均	右SD	左SD
計算	3.3	3.3	1.0	0.5
箸袋	2.8	3.0	1.7	0.8
箸置き	2.5	2.8	0.6	0.5

箸袋、箸置き、いずれの折り紙でも、活性化の強さは単純計算ほどではないが、前頭前野は活性化すると考えます。

判断基準

- **5** → 全般に強く活性化
- **4** → 一部が強く活性化し、他もやや活性化
- **3** → 一部が強く活性化、他は不変、もしくは全体にやや活性化
- **2** → 一部がやや活性化
- **1** → 一部がわずかに活性化
- **0** → 活性化していない

いるときの脳の活性化の様子を、相対的な数値で表したものです。活性化していない状態を0としており、折り紙を折っているときは、右脳・左脳とも活性化していることがわかります。

　参考に、同じ時間で小学校低学年レベルのひと桁の足し算・引き算などの単純計算を行ったときの脳活性データも掲載しています。単純計算が脳を活性化させることは広く証明されており、単純計算などを生活の中に取り入れることによって、アルツハイマー型認知症の高齢者の症状が改善したという事実もあります。

　今回の実験で、折り紙を折る行為は、単純計算ほどではないものの、それに近い脳の活性化効果のあることが、科学的に証明されました。

脳の前頭前野を活性化させる効果的な方法

　脳は「前頭葉」「頭頂葉」「側頭葉」「後頭葉」などに分けられますが、多くの大切な役割を担っているのが前頭葉にある「前頭前野」です。

　「脳の活性化」というと、老化防止のイメージがありますが、もちろんそれだけではありません。脳、つまりここでは「前頭前野」をさしますが、ここは物事を考えたり記憶したりするだけではなく、感情や意欲、コミュニケーションなどをつかさどる部分でもあります。

　前頭前野を常に活動させることは、筋肉を鍛えて筋力アップさせるトレーニングと同様に、いざというときすばやく物事を判断したり、豊かな感性を生み出したり、逆に感情をスムーズにコントロールするといった効果が期待できるのです。

　単純に指先を動かすだけの運動では脳は活性化しないことが、同様に東北大学未来科学技術共同研究センター・川島教授の研究で証明されています。「考えながら折る」「楽しみながら折る」「できあがりを予想しながら折る」、こうした折り紙を折るという作業ひとつひとつが、脳にすばらしい効果をもたらしているのです。

折り紙を楽しむことによって脳が元気になる

　東北大学未来科学技術共同研究センター・川島教授の研究では、脳を活性化させる行為は「単純計算」のほか、文章を声に出して読む「音読」が特に有効であることが分かっています。これらは「読み・書き・そろばん」として教育に用いられ、現在の初等教育にも受け継がれて効果を上げています。また、このほかに編み物や楽器演奏、他者とコミュニケーションをとることなども有効だとされています。

　1枚の紙から、さまざまな想像が広がる折り紙の世界。自分の手を動かして折ることを楽しむことで、脳はいきいきと活動するのです。知らず知らずのうちに感性もコミュニケーションも豊かにはぐくまれる、折り紙のもう1つの隠れた醍醐味。あなたもぜひ体感してみてください。

2つの画像は、30代男性が「大人の折り紙」制作に取り組む前の脳の状態と、折り紙に取り組んでいる際の脳の状態を、3D画像を使って見せています。

● 大脳を4つに分類 ●
前頭前野は前頭葉の前の部分に位置する。

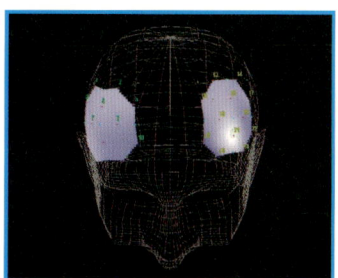

●平常時…脳はほとんどといっていいほど働いていないので、白い状態となっている。

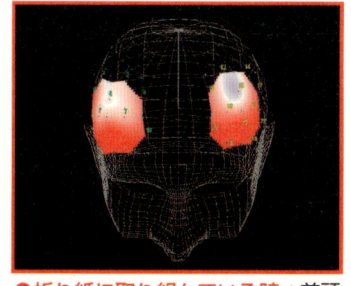

●折り紙に取り組んでいる時…前頭前野の部分が赤くなり、脳が活発に働いている状態である。

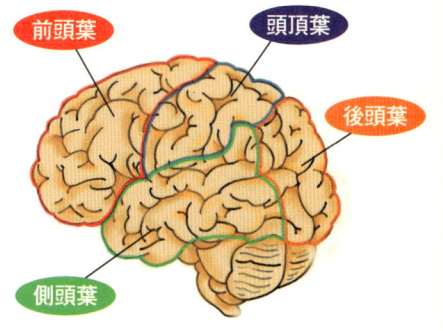

◀前　　　後ろ▶

spring

春

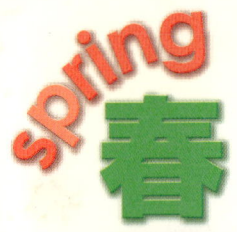

ペーパープレートの上に和菓子を添えてみました。
紙の色は季節に合わせて選ぶのがいいでしょう。

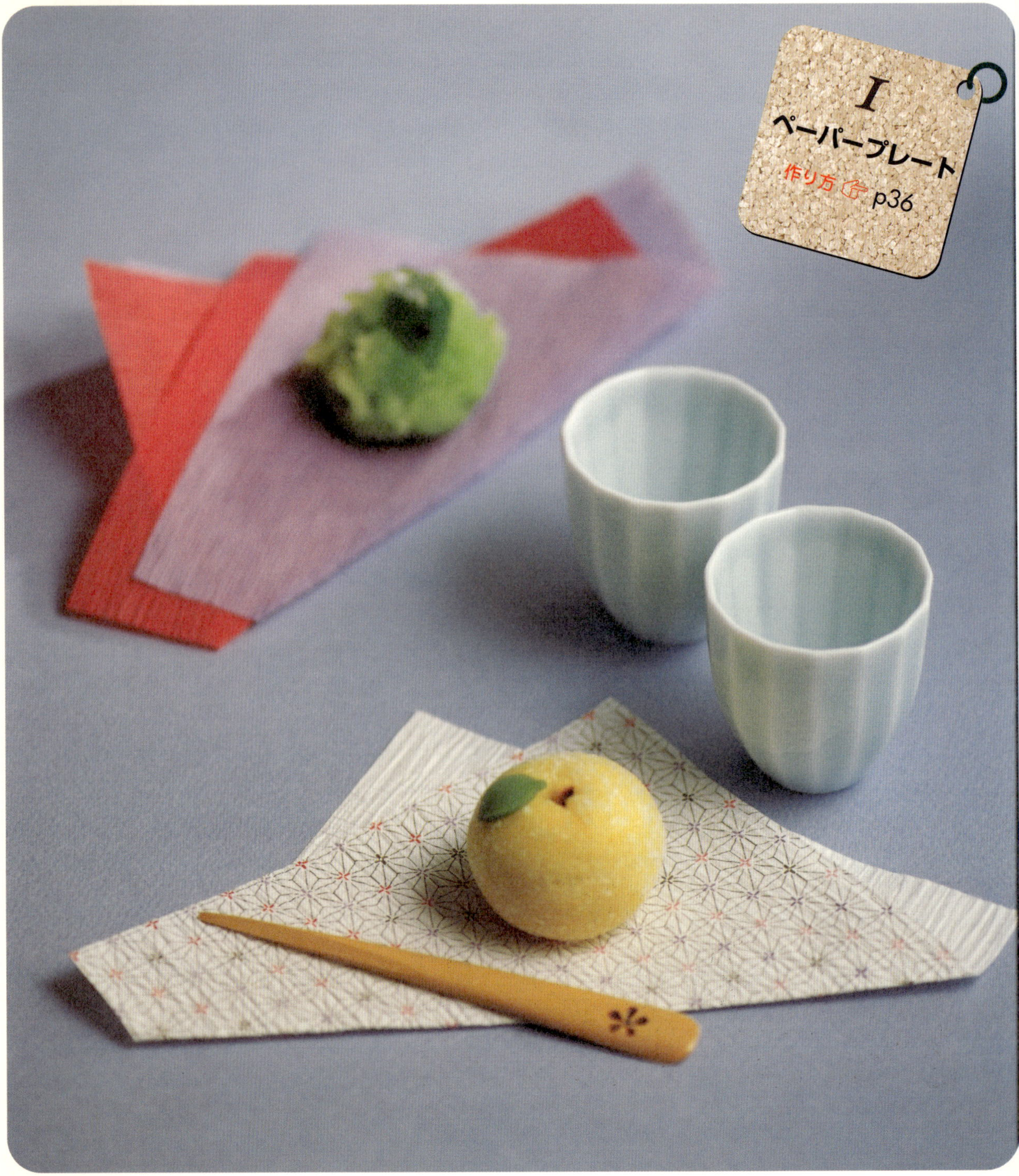

I
ペーパープレート
作り方 ☞ p36

優しいピンクと緑の花びらが、食卓の雰囲気を和やかにしてくれます。
春の演出には欠かすことのできない貴重なアイテムです。

spring 春

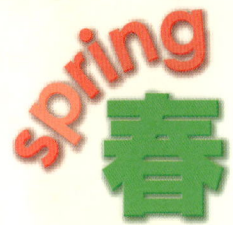

パンとジャムだけ、なんて簡単な朝食でも、こんなにシンプルでかわいい
ランチョンマットがあれば、豪華な気分になること間違いなし！
友人を招いた際に使うのも素敵です。

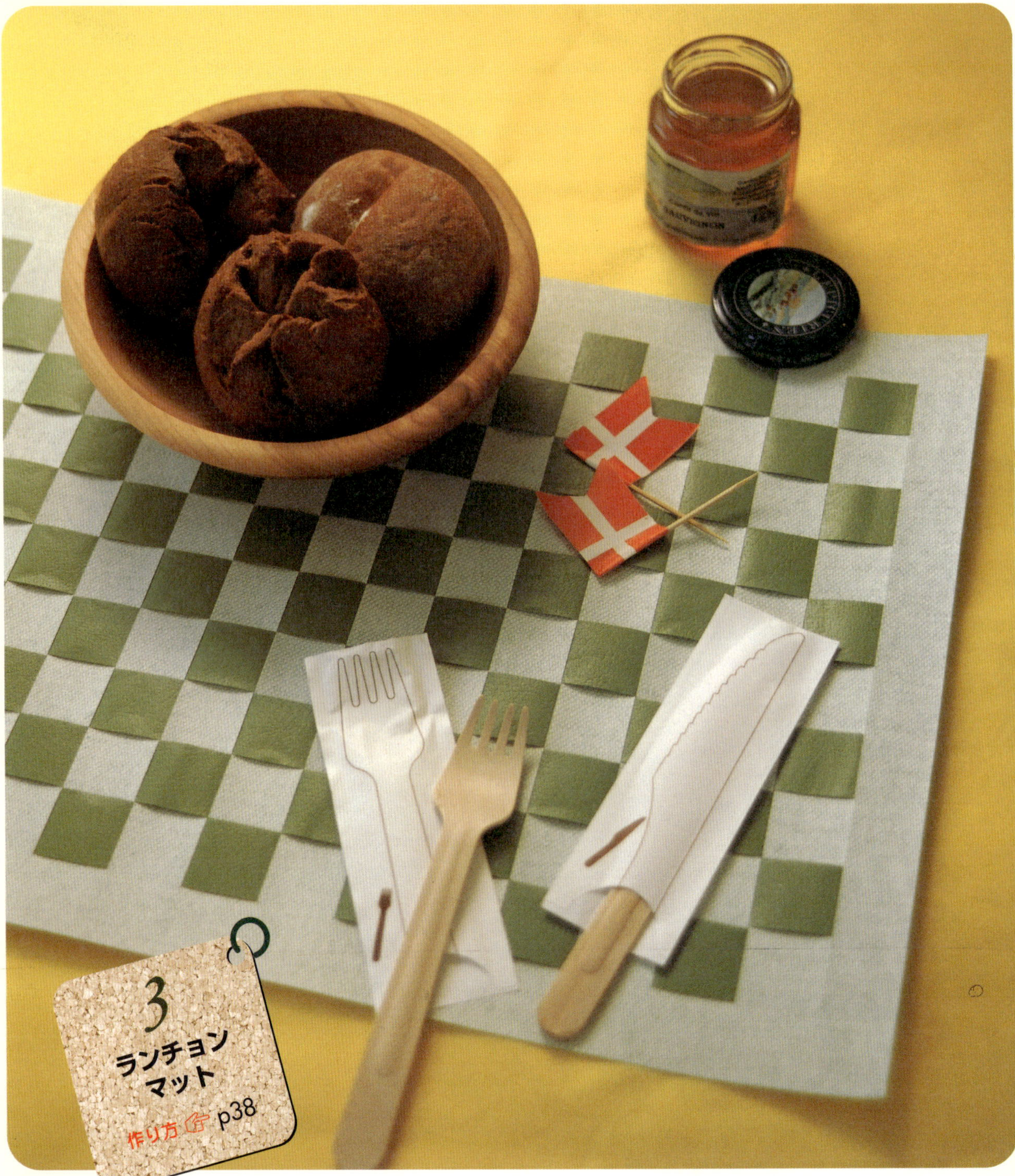

3
ランチョン
マット
作り方 p38

4
バースデーボール
作り方 p38

誕生日という1年に1度の大切な日を、
やわらかい和紙で丸い品物を包み、
リボンでかわいくコーディネートしてみました。

spring 春

カーネーションの花言葉は「婦人の愛」。
色彩が豊富で美しく、なおかつ優しいカーネーションのイメージと一致しています。
封筒にそっと添えてプレゼントするのもいいでしょう。

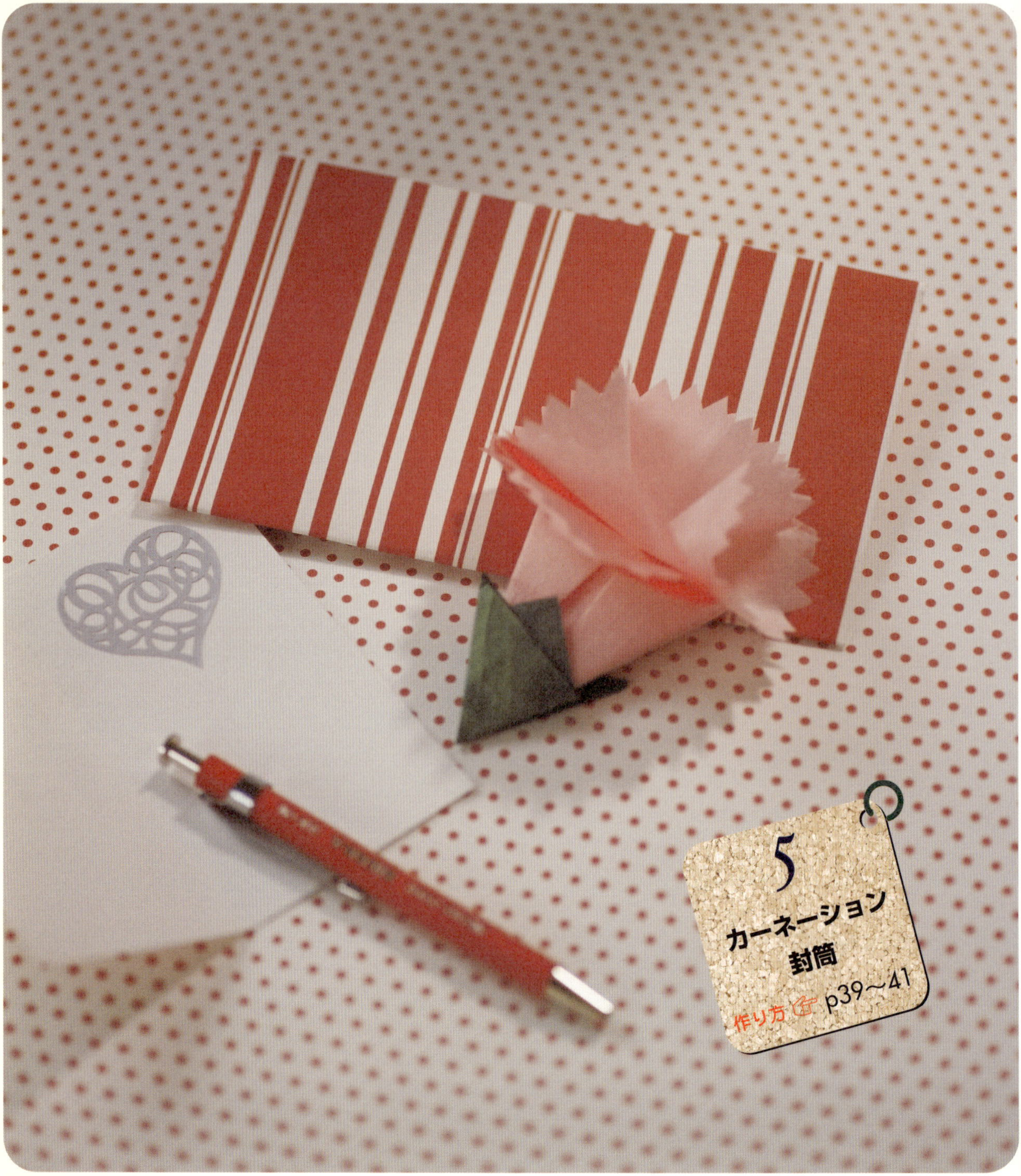

5
カーネーション
封筒
作り方 p39～41

原案／阿部 恒

6 バラの器 三角のコースター
作り方 p42〜43

お部屋に可憐なバラの器を置くことで、
日常に素敵なエッセンスを与えてくれます。
三角のコースターをコップ用に使えば、素敵なティータイムが楽しめます。

summer

夏

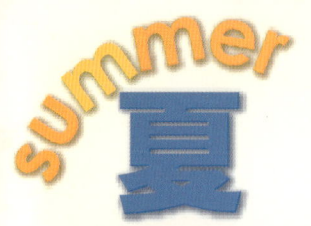

あじさいといえば「七変化してしまう」といわれるほど、
花の色が変化に富むことで知られています。
梅雨時、多くの花が傷んでしまう中、美しさを増していくのが特徴です。

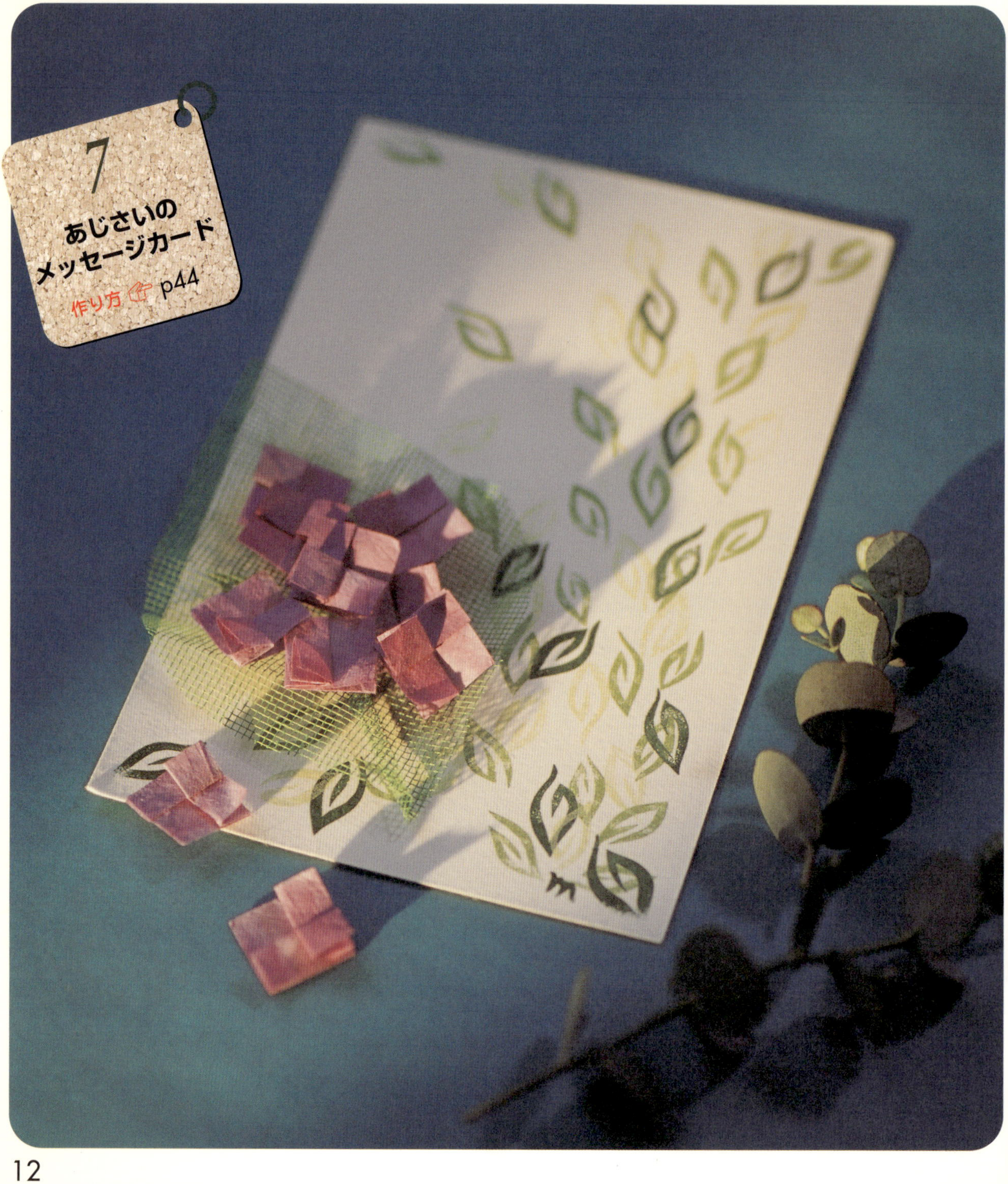
7
あじさいの
メッセージカード
作り方 p44

8 プレゼントの
ラッピング
作り方 p45

キャラメル包みは、コツを覚えれば誰でもできます。
相手が簡単に開封できるように包んであげるのも、
ラッピングの重要なポイントです。

日本紙おりがみの花と葉っぱを、うちわに貼って使いましょう。
青、紫、白、ピンクと色彩が豊富で、
いろいろな顔を持つあさがおに出合えそうです。

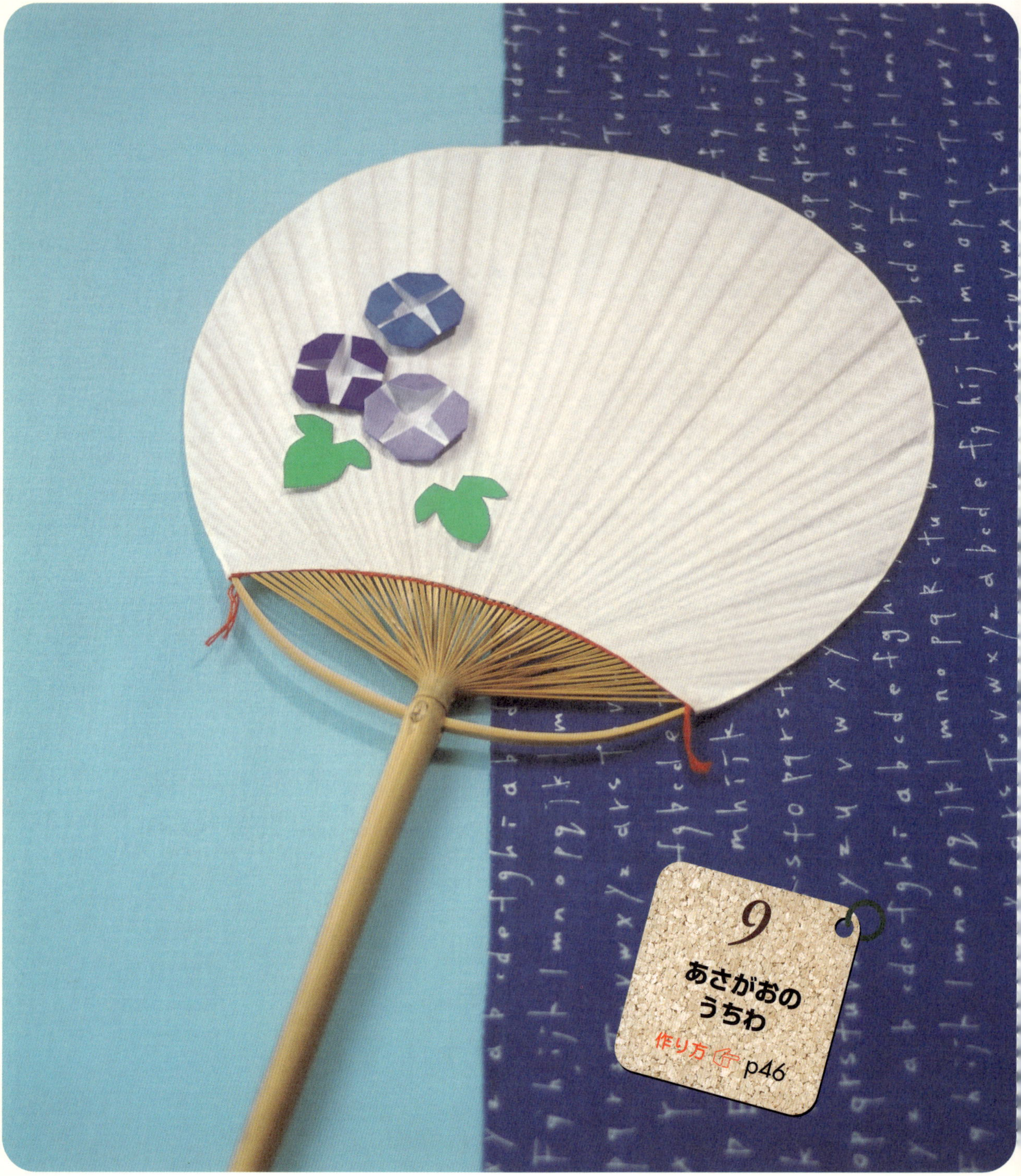

9 あさがおの
うちわ
作り方 ☞ p46

10
格子柄の
コースター
作り方 ☞ p47

夏の暑いひとときに、
グラスに冷えた飲み物を入れてグイッと一杯
……なんとも心地よい瞬間を楽しんでみませんか?

summer 夏

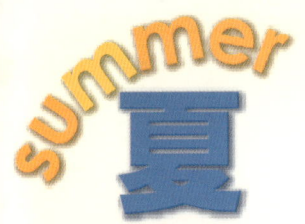

しっかりとした紙を使えば、洋紙でも和紙でもどちらの紙でも大丈夫。
サンドイッチにフルーツを添えて、
のんびりとしたランチタイムを過ごすのもいいでしょう。

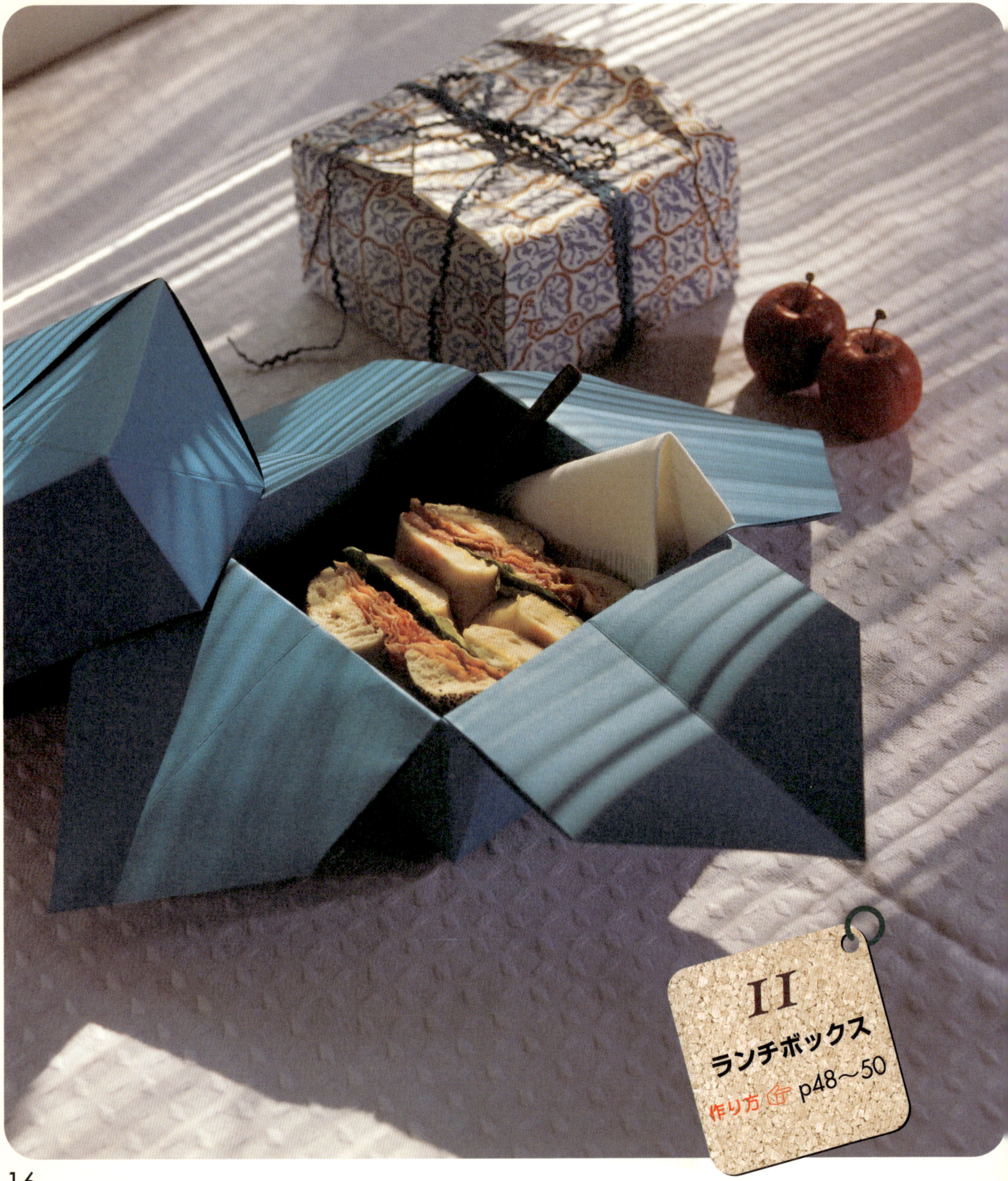

II
ランチボックス
作り方 p48〜50

12
舟の器
四角い器
作り方 p51〜52

クッキーや和菓子などを器に入れてみましょう。
インテリアに合わせて、色彩や紙質を選んだ和紙や洋紙で作ると、より楽しい器が完成します。

autumn 秋

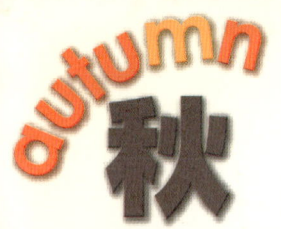

カラフルな洋紙で仕上げました。紙選びでずいぶんイメージが変わります。
種類ごとに分けて、プレゼントとして贈るのも素敵です。

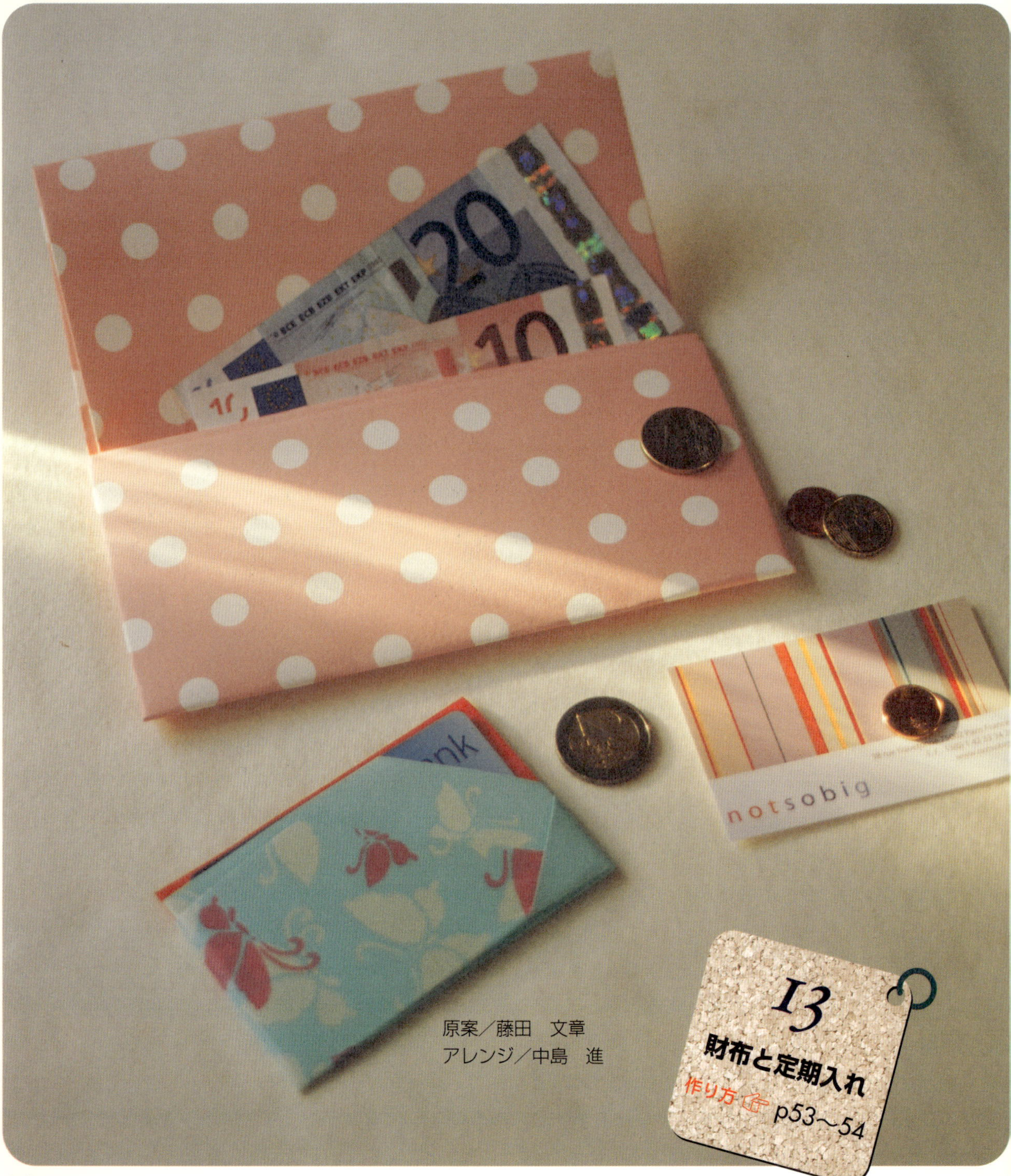

原案／藤田　文章
アレンジ／中島　進

13
財布と定期入れ
作り方 p53～54

14 花型の器
作り方 p55〜56

原案／野間 正路

午後のティータイム、お菓子を花型の器に入れてみましょう。
モダンな色彩の洋紙で折ると、
テーブルの雰囲気がより華やかになります。

autumn 秋

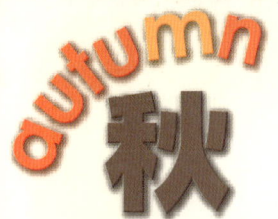

秋をイメージした紙を選び、シックな色のランチョンマットになりました。
紙のサイズに合わせて、きっちりつめながら編んでいくのがコツです。

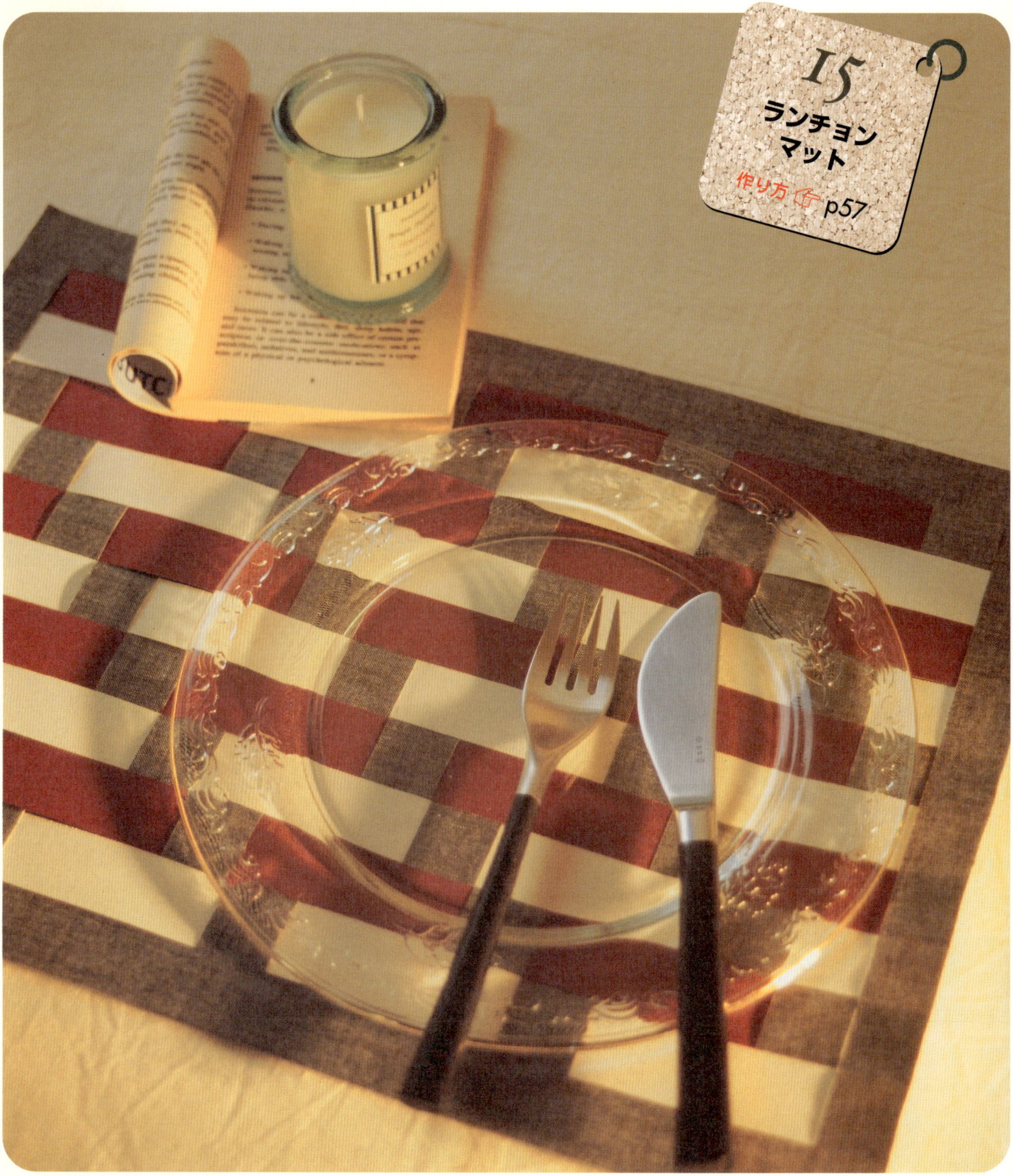

15
ランチョンマット
作り方 p57

16 ワインボトルのラッピング
作り方 ☞ p57

ワインボトルの大きさに合わせてラッピングしました。
洋紙の色にマッチしたリボンを結ぶと、よりおしゃれな雰囲気に仕上がります。

autumn 秋

食欲の秋、ティータイムを満喫してみるのはいかがでしょうか。
お菓子をボックスに入れ、お茶のグラスをコースターに置き、
気のおけない友人たちと語り合って、素敵なひとときをお過ごしください。

17
スナックボックス
手裏剣型コースター
作り方 ☞ p58〜60

素敵な本と出合い読み始めたとき、
ブックマークがあったらとても便利。
折り紙でならすぐに作れて、
読書もさらに進みそうです。

18
鶴のカードスタンド
ブックマーク
作り方 p61〜62

winter 冬

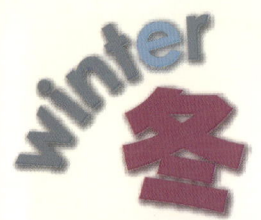

受け取った人が喜びそうな、かわいい飾りをつけたラッピングです。
クリスマスはもちろんのこと、誕生日や記念日などの特別な日に贈っても、
最高のプレゼントとなるでしょう。

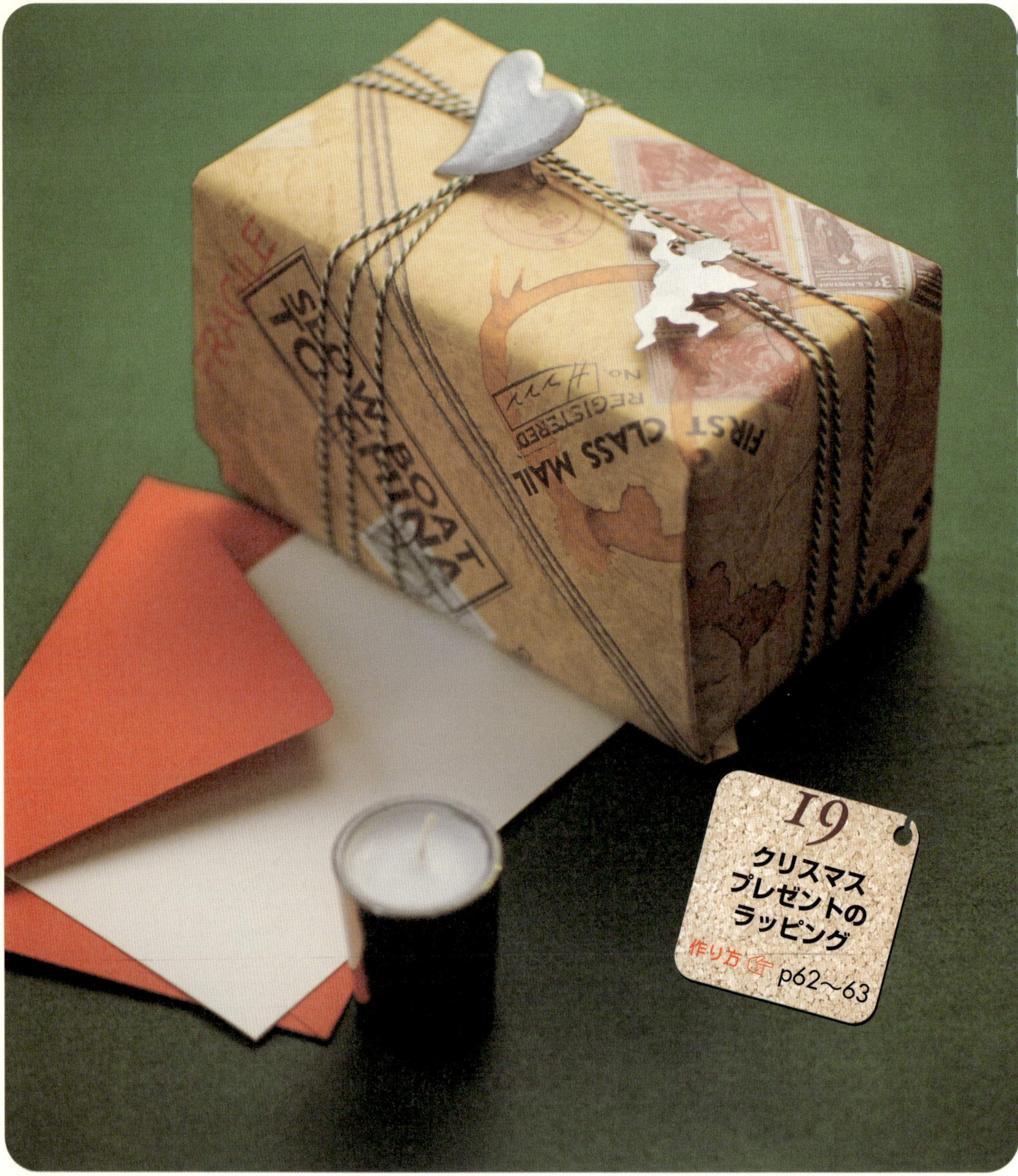

19
クリスマスプレゼントのラッピング
作り方 p62～63

原案／中島　進

20
ケーキボックス
作り方 p64〜66

一瞬、本物？
と見分けがつかないほど鮮やかなケーキボックス。
ホームパーティでの小さな子どもはもちろん、
みんなの喜ぶ顔が目に浮かんできます。

容器にラッピングをかぶせてリボンをつけ、かわいく仕上げました。
中に入れる容器に合わせて、紙の大きさを変えるのがポイントです。

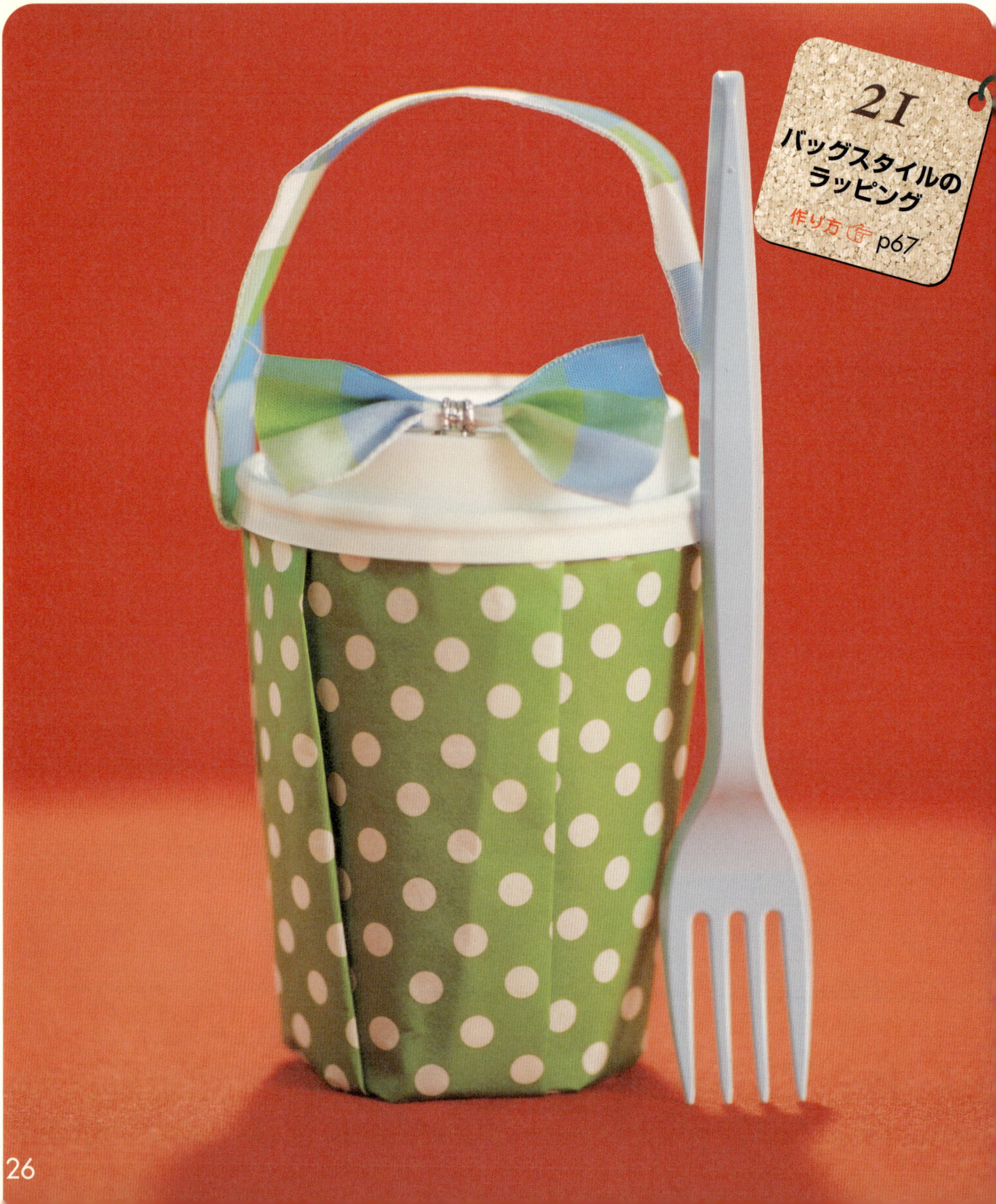

21
バッグスタイルの
ラッピング
作り方 ☞ p67

22
ピラミッド型の容器
作り方 ☞ p67

ピラミッドの形に包んで、紙の色彩に合わせて飾りをつけてみました。
カラフルな色がおしゃれな演出をしてくれます。

winter 冬

クリスマスシーズンのシンボル的な花です。
冬が近づいて日照時間が短くなると、がくが赤く染まるのが特徴です。

23 ポインセチアの飾り
作り方 p68〜69

お年玉袋は、またの名を「ポチ袋」といいます。
ポチ袋の「ポチ」は関西の方言で、
芸妓や茶屋女などに与える
少額の祝儀に由来しています。

24 お年玉袋
作り方 p70〜71

winter 冬

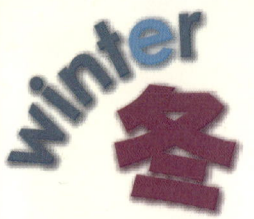

ちょっと大きめのきれいな千代紙で折ると、お年玉袋にも使えます。
こうして並べると、お正月の雰囲気が出てきます。

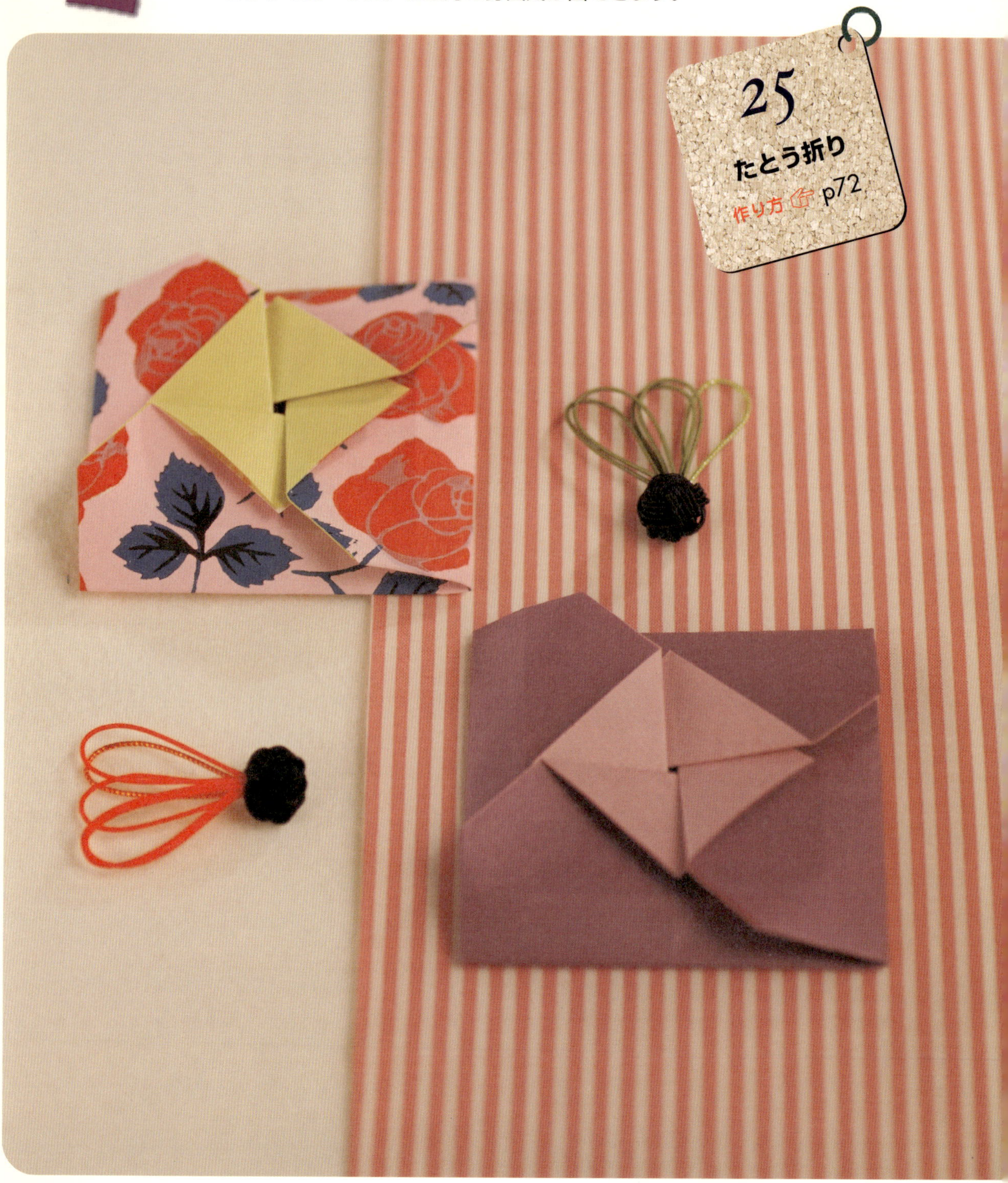
25
たとう折り
作り方 p72

おめでたい席にぴったりなのが、この箸袋と箸置きです。
うさぎは、箸に合わせて小さく折るのがコツです。
紙の色彩を考えて、華やかさを演出しましょう。

26 うさぎの箸置き
お祝いの箸袋ABC
作り方 p73〜75

2月14日のバレンタインデーに、チョコレートなどのプレゼントを箱に入れて、
ハートの飾りを添えてみませんか？
洋紙でかわいく作って、ムードを盛り上げましょう。

27
プレゼントボックス
ハートの飾り
作り方 ☞ p76〜79

原案／フランシス・オウ

基本の折り方 1

★ご注意★
初めて作品を作る時には、必ず**試し折り**をしてください。

● **谷折り線**

折ったところが谷に
なるように折ります。

● **山折り線**

折ったところが山に
なるように折ります。

● **折りすじを
つける**

折ったあと戻します。

● **向きを変える**

そのまま左や右に
回転させます。

● **裏返す**

そのまま裏返します
（上下は逆さにしません）。

● **拡大する**

前の図より大きく
描かれています。

● **間を開く**

紙の間を開きます。

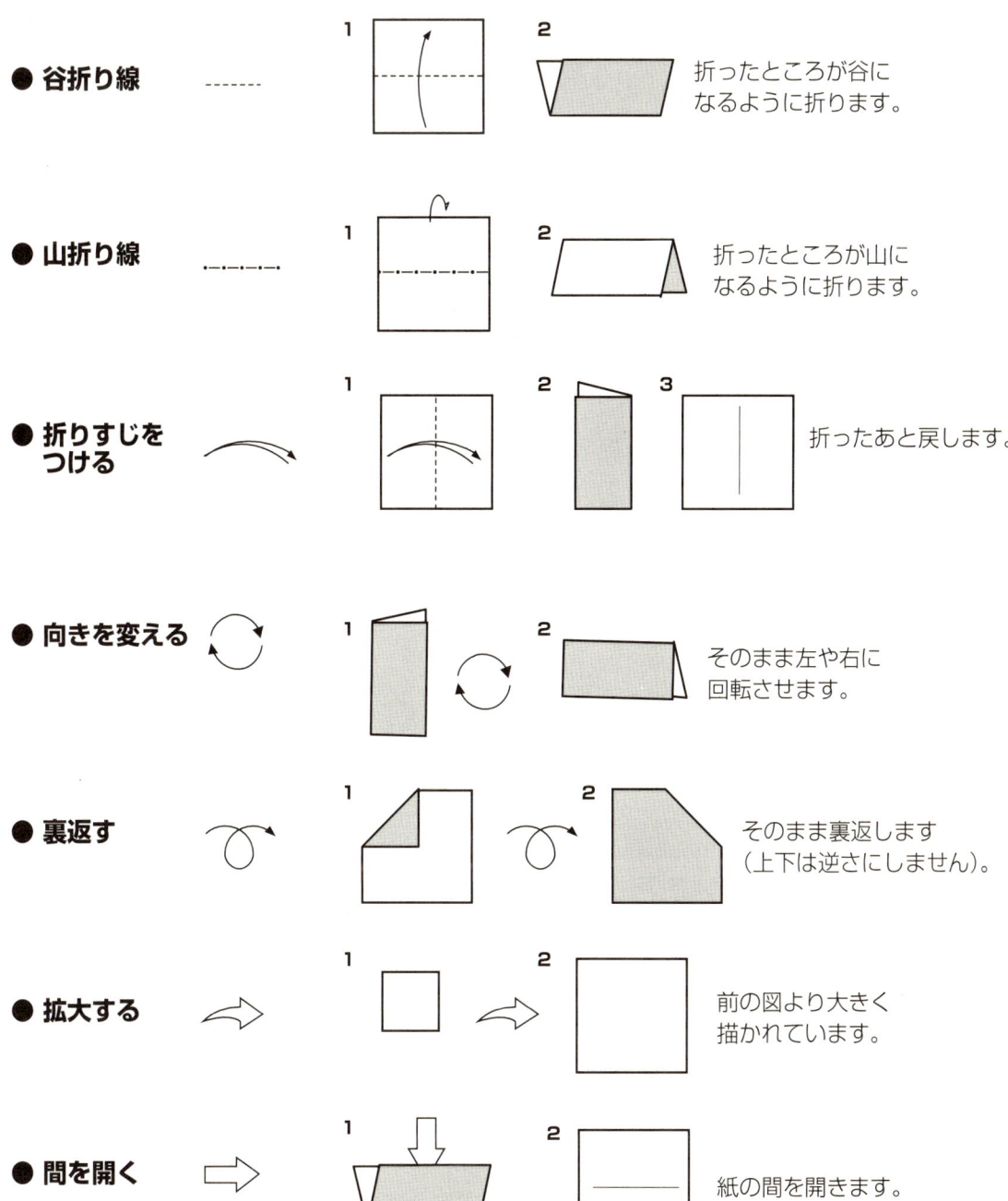

基本の折り方2

● 段折り 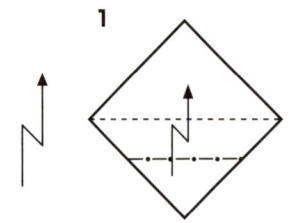 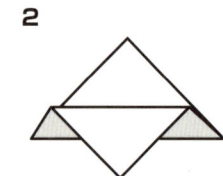 山折りしてから谷折りをします。

● 切り込みを入れる 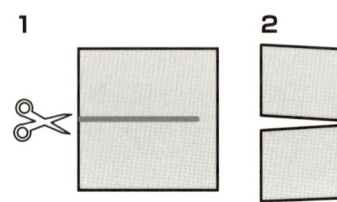 太線の位置をはさみで切ります。

● まき折り 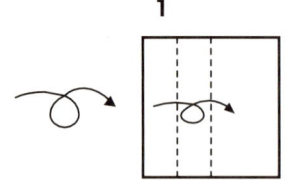  紙を巻くように折ります。

● さし込む 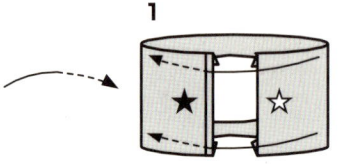 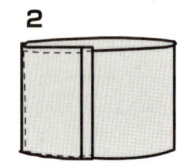 ☆を★の中に入れます。

● 中割り折り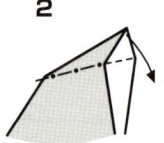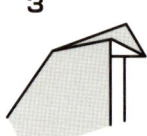

折りすじをつけます。　　線に合わせて中に押し込みます。　　できあがり。

基本の折り方 3

● 四角折り

1. 折りすじをつけます。★と★、☆と☆を合わせて中心に持っていきます。
2. 途中の図。
3. できあがり。

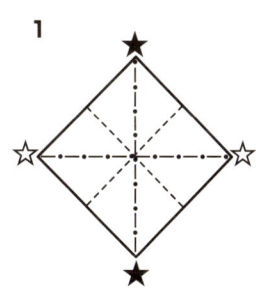

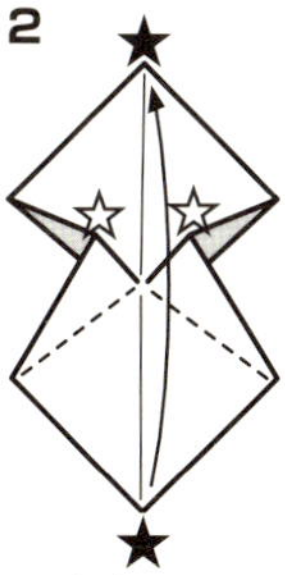

● 三角折り

1. 折りすじをつけます。☆と☆を合わせて中心に持ってきます。
2. 途中の図。
3. できあがり。

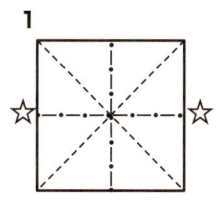

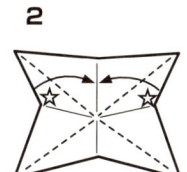

● ざぶとん折り

1. 中心をえんぴつなどでうすく印をつけます。
2. 角を中心に合わせます。
3. できあがり。

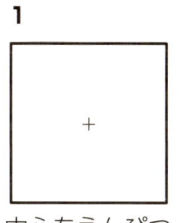

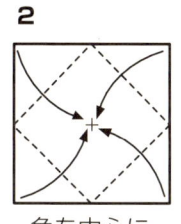

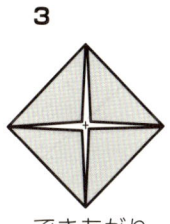

● 等分の印

1. 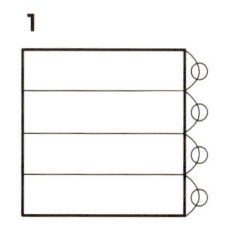
2. 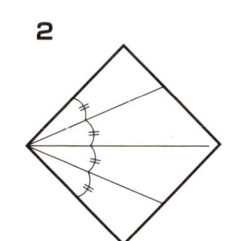 均等であることをあらわします。

春 spring

ペーパープレート

- 紙……和紙、千代紙
- 紙の大きさ……16cm×16cm
- 作品掲載ページ……6ページ

● **one point advice!**
紙をずらすだけで、いろいろなバリエーションが作れます。

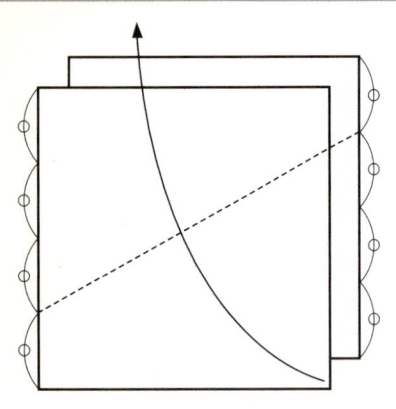

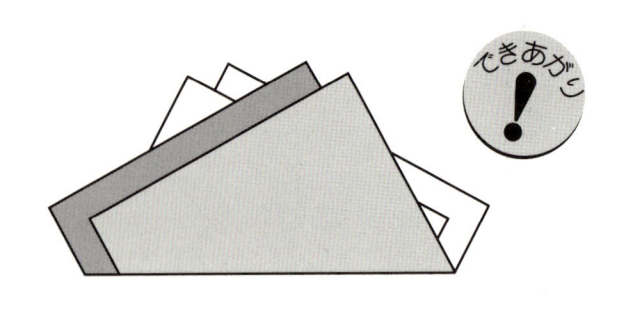

1 裏を上にして、2枚を少しずらして重ねます。図のあたりで2枚いっしょに折ります。

できあがり！

花びらのお皿

- 紙……和紙
- 紙の大きさ……18cm×18cm、16cm×16cm
- 作品掲載ページ……7ページ

● **one point advice!**
7で切り落とす際、切り方を変えると、さくらや梅の形になります。

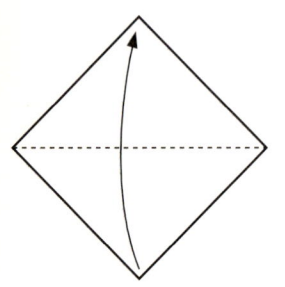

1 半分に折ります。

2 印をつけます。

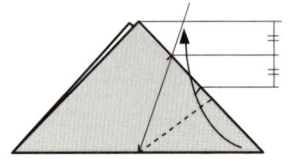

3 中心からななめに折ります。

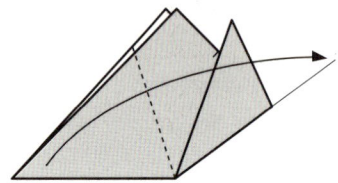

4 ☆の線に合うように折ります。

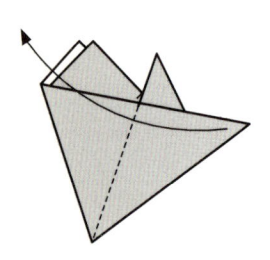

5 4で折った部分を半分に折ります。

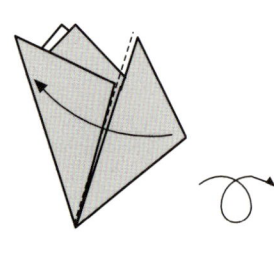

6 図の位置で折ります。

7 図の太い線で切り落とし、開きます。

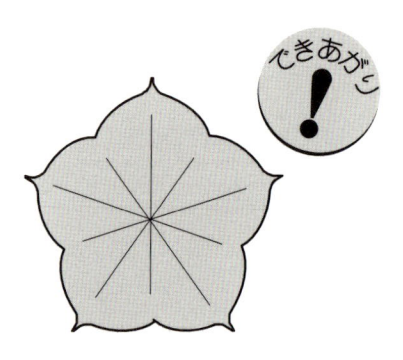

できあがり！

帽子型の箸置き

- 紙……洋紙
- 紙の大きさ……10cm×10cm
- 作品掲載ページ……7ページ

one point advice!
上をつぶすのがポイントです。

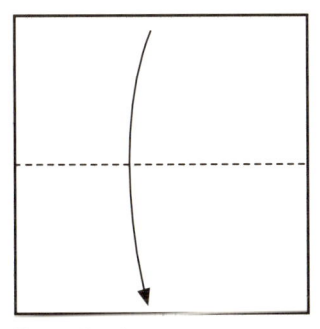

1 半分に折ります。

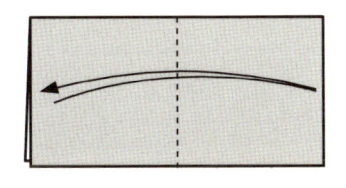

2 まん中に折りすじをつけます。

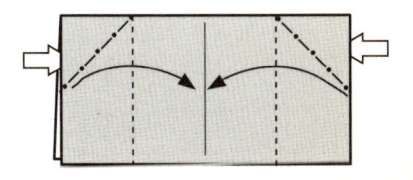

3 2で折った線に合わせるように開きながら折ります。

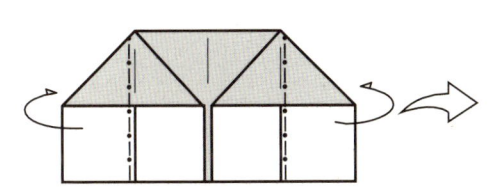

4 山折りします。

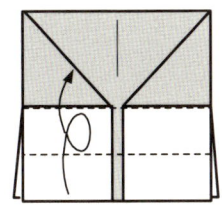

5 上の1枚をまき折り（34ページ）します。裏も同様にします。

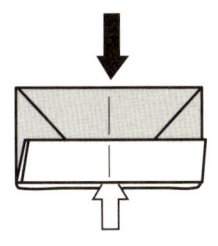

6 下を開きながら上を少しつぶして形を作ります。

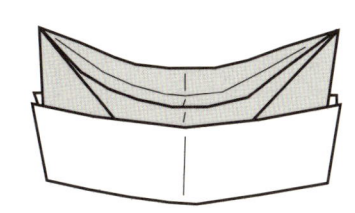

できあがり！

春 spring

ランチョンマット

- 紙……洋紙
- 紙の大きさ……30cm×42cm（台紙）、2.5cm×42cm（帯）
- 作品掲載ページ……8ページ

one point advice!
長さを正確に切ってください。最後は1番下を入れてから1つ上を入れるときれいに入ります。

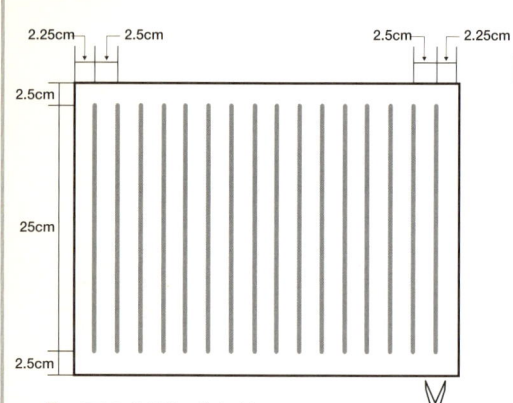

1 図の位置に合わせて切り込みを16本入れます。

帯を10本作ります。

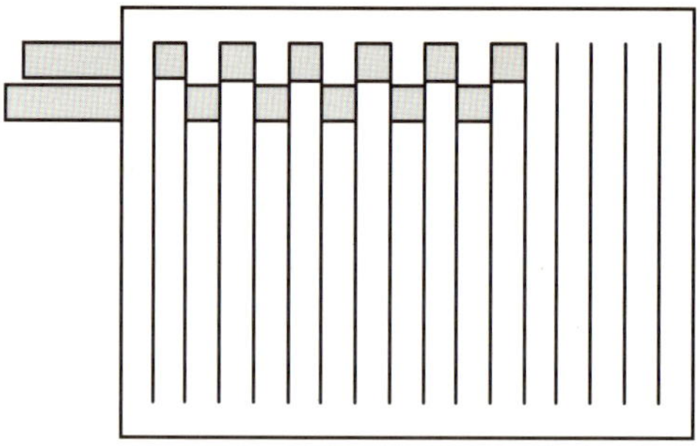

2 台紙に帯を図のように交互に差し込み、両端をのりづけします。

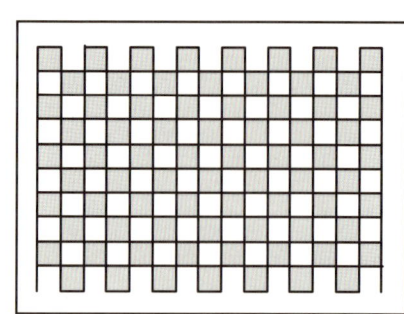

できあがり！

バースデーボール

- 紙……洋紙
- 紙の大きさ……包むものの大きさに合わせる
- 作品掲載ページ……9ページ

one point advice!
1で薄い紙を2〜3枚重ねてくるんでもいいでしょう。

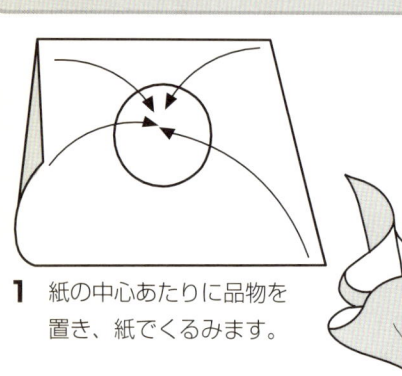

1 紙の中心あたりに品物を置き、紙でくるみます。

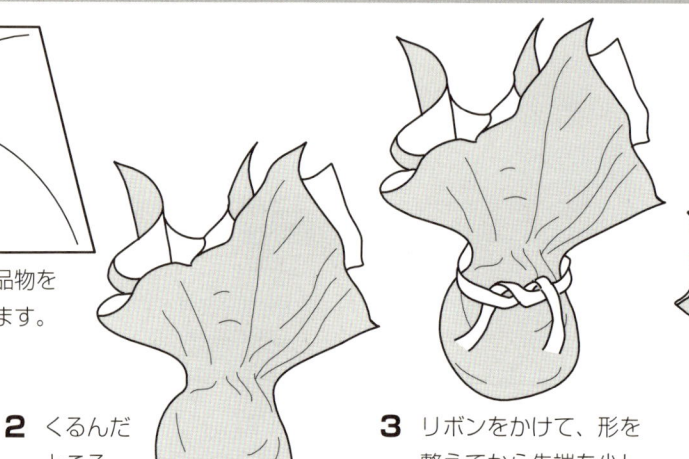

2 くるんだところ。

3 リボンをかけて、形を整えてから先端を少しはさみで切ります。

できあがり！

カーネーション

- 紙……洋紙
- 紙の大きさ……15cm×15cm（花）、5.5cm×5.5cm（がく）
- 作品掲載ページ……10ページ

● **one point advice!** ●
7で切って8で広げた際に丸くない場合は、広げたまま、きれいに切って整えましょう。

花

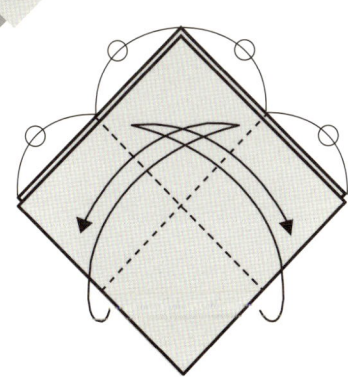

1 2枚とも表を上にして重ね、一緒に折りすじをつけます。

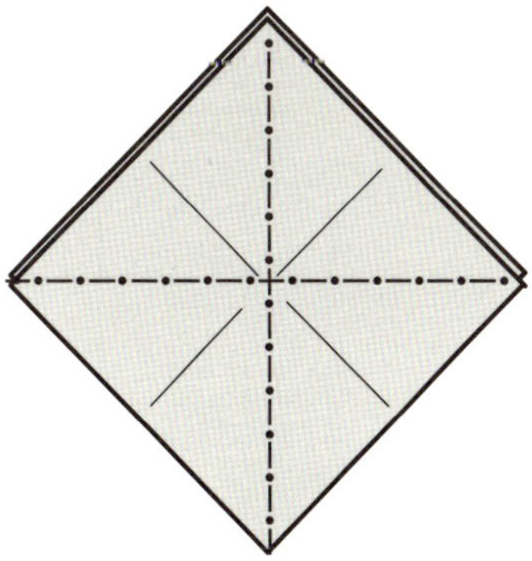

2 折りすじをつけます。

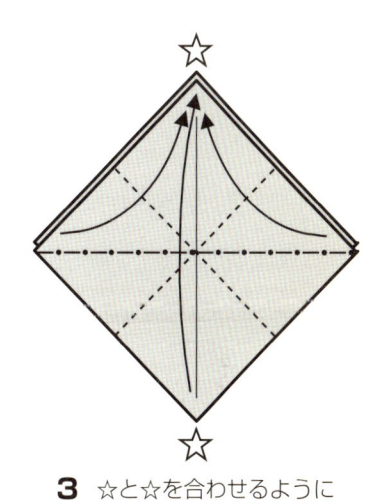

3 ☆と☆を合わせるようにして、四角折り(35ページ)をします。

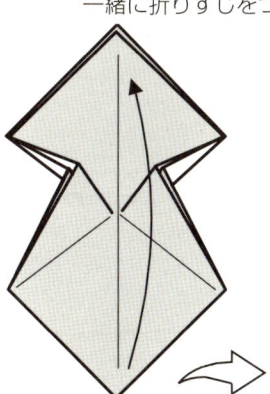

4 途中の図。

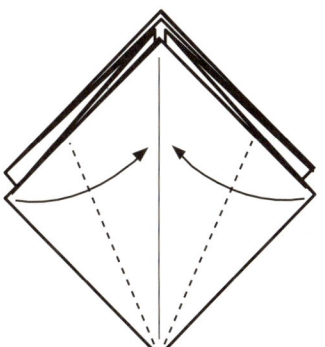

5 中心の線に合わせて折ります。裏も同様にします。

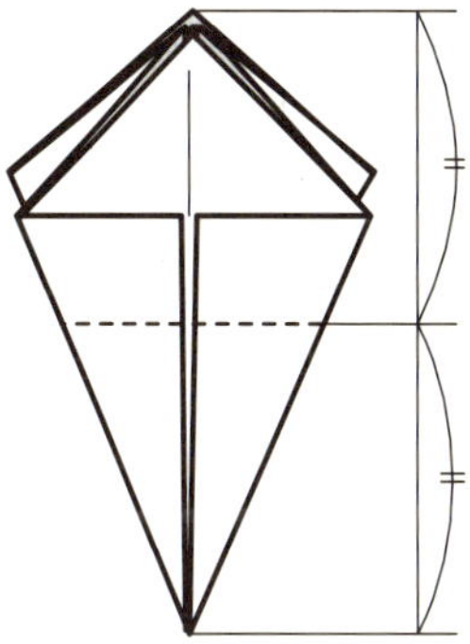

6 半分のところに折りすじをつけます。

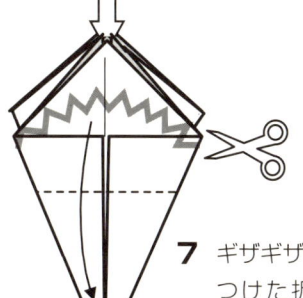

7 ギザギザに切り、6でつけた折り線で間を開いて下に折ります。

8 途中の図。開いて形を整えます。

春 spring

9 中心の花も少し立てます。

10 花のできあがり。

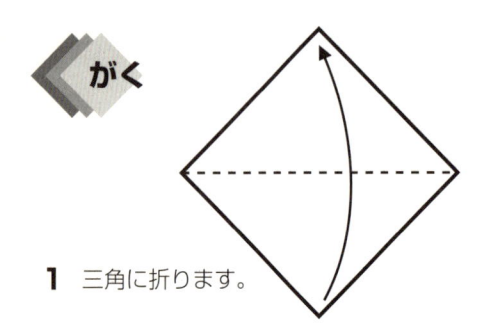

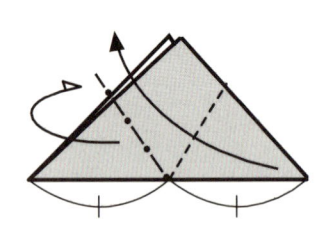

がく

1 三角に折ります。

2 中心からおよそ角の三等分で、図のように折ります。

3 がくのできあがり。

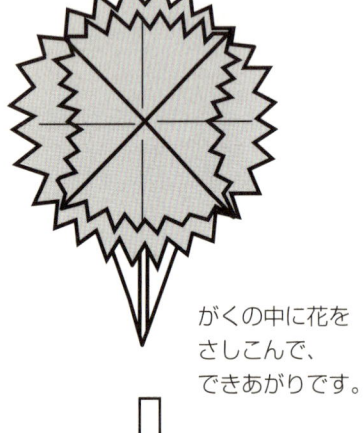

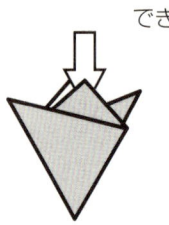

がくの中に花をさしこんで、できあがりです。

できあがり！

40

封筒

- 紙……洋紙
- 紙の大きさ……21cm×29.7cm（A4判）
- 作品掲載ページ……10ページ

● **one point advice!** ●
1で紙のたて、横の折る位置を間違えないようにしてください。

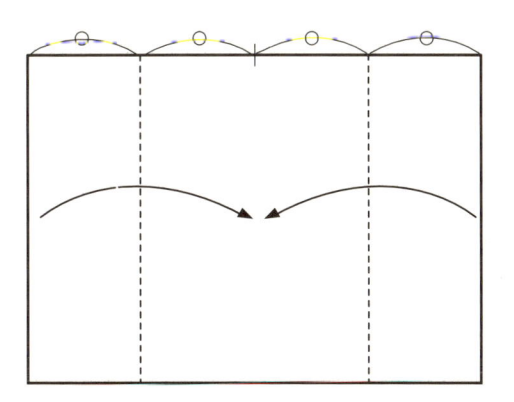

1 図の位置で折ります。

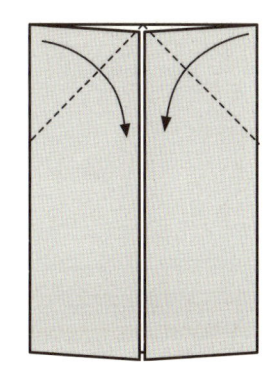

2 角を中央に合わせて三角に折ります。

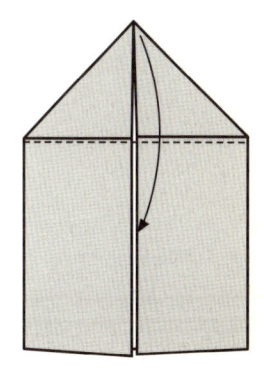

3 2で折った三角のところで下に折ります。

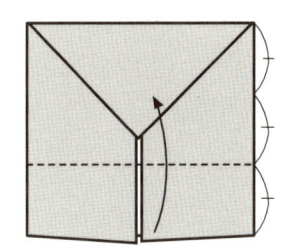

4 3分の1のところで折ります。

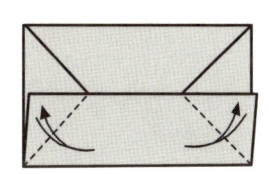

5 折りすじをつけて4の形に戻します。

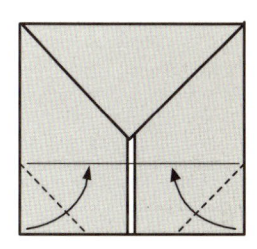

6 5でつけた折り線を谷折りします。

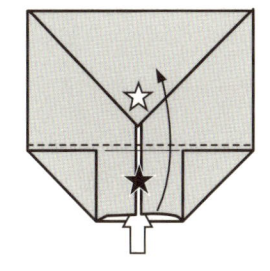

7 4でつけた折り線を使って、☆を★の中に入れます。

できあがり！

41

春 spring

バラの器

- 紙……洋紙
- 紙の大きさ……15cm×15cm
- 作品掲載ページ……11ページ

one point advice!
折りすじをしっかりつけて折ると、分かりやすくなります。

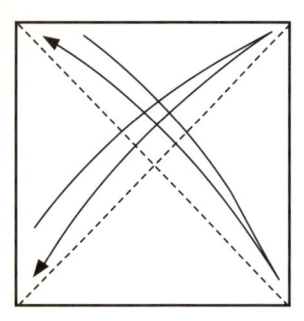

1 三角に折りすじをつけます。

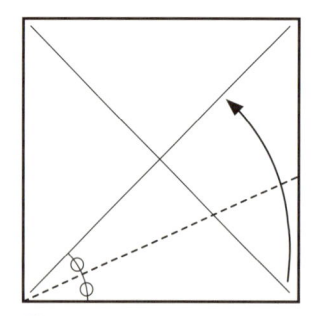

2 1でつけた折り線に合うように折ります。

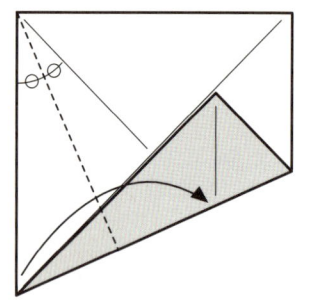

3 2と同様に折ります。

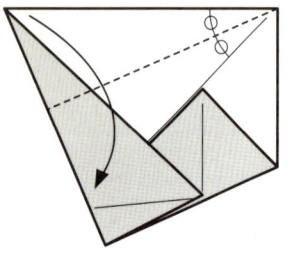

4 3と同様に折って重ねます。

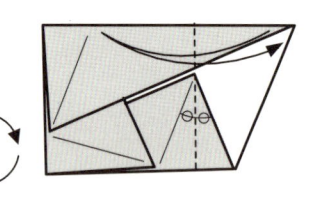

5 5と同様に折って折りすじをつけます。

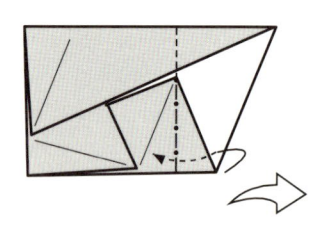

6 2で折ったところを少し開いて中割り折り（34ページ）します。

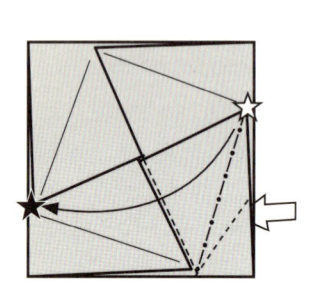

7 中を開いて☆→★につくようにたたみます。

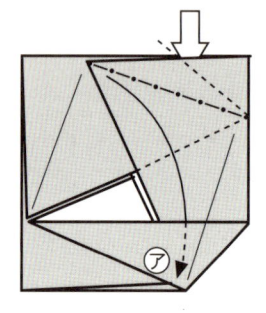

8 7と同様にし、㋐に差し込みます。残りも同様にします。

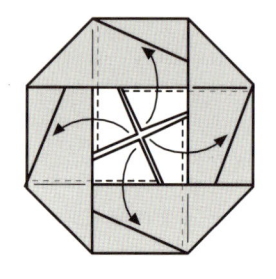

9 4カ所、中から谷折りします。

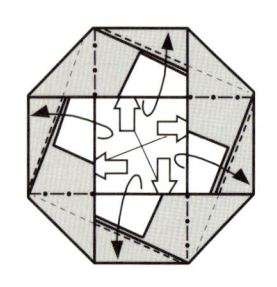

10 図のように折り線を使って起こします（できあがり図参照）。

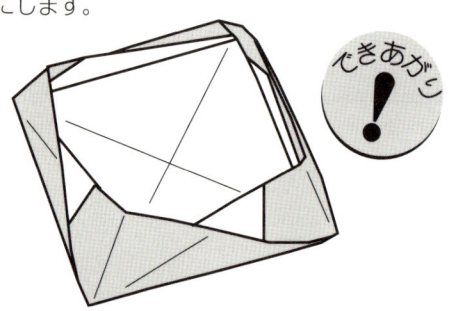

できあがり！

三角の コースター

- 紙……洋紙
- 紙の大きさ……15cm×15cm、18cm×18cm
- 作品掲載ページ……11ページ

● **one point advice!**
折りすじをしっかりつけると、できあがりの形がきれいになります。

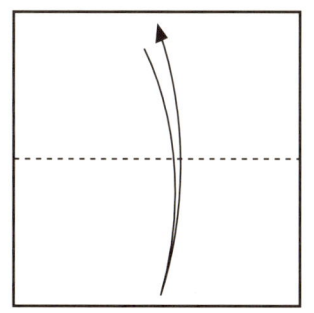

1 半分に折りすじをつけます。

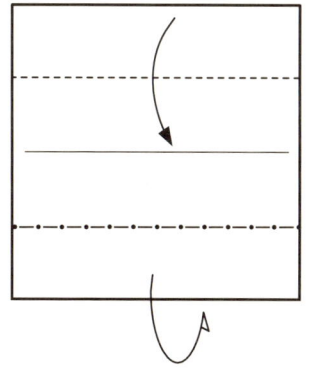

2 上は谷折り、下は山折りします。

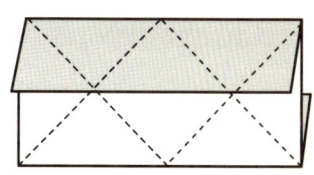

3 折りすじをつけます。

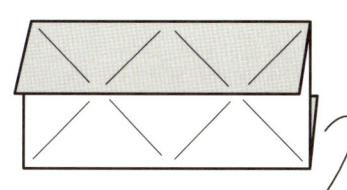

4 後ろの1枚を開きます。

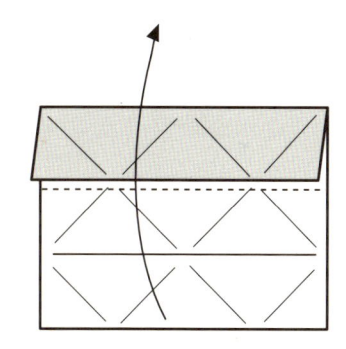

5 折り上げます。

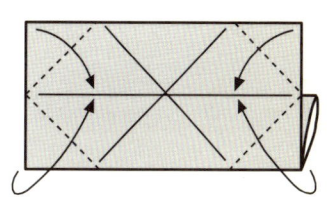

6 角を中央の線に合わせてまとめて三角に折ります。

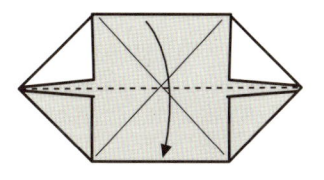

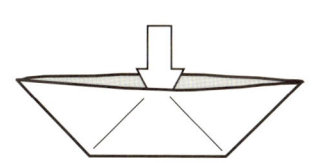

7 半分に折ります。

8 間を開きます。

9 形を整えます。同じものを2個作ります。

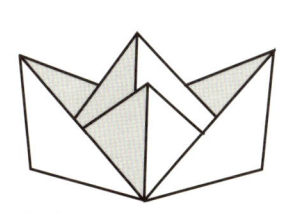

10 重ねてできあがり。

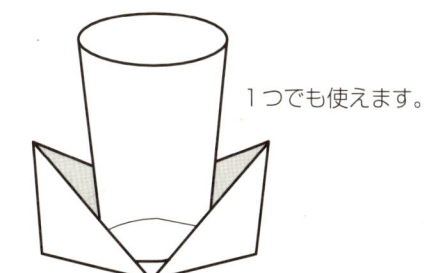

できあがり！

1つでも使えます。

夏 summer

あじさい

- 紙……和紙
- 紙の大きさ……7.5cm×7.5cm（葉）、3cm×3cm（花）
- 作品掲載ページ……12ページ

one point advice!
実物の花は全部同じ形ではないので、作る紙も長方形でも構いません。

葉

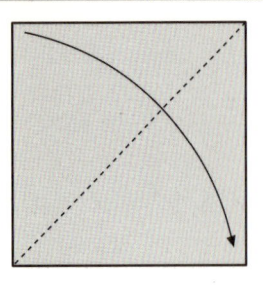

1. 表を中にして三角に折ります。 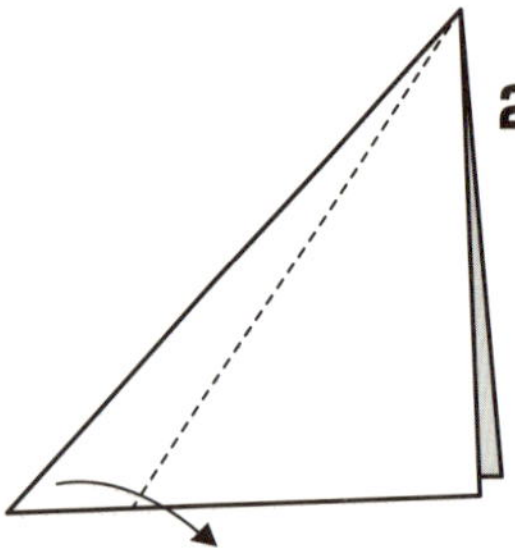
2. 輪のほうを少しななめに折ります。 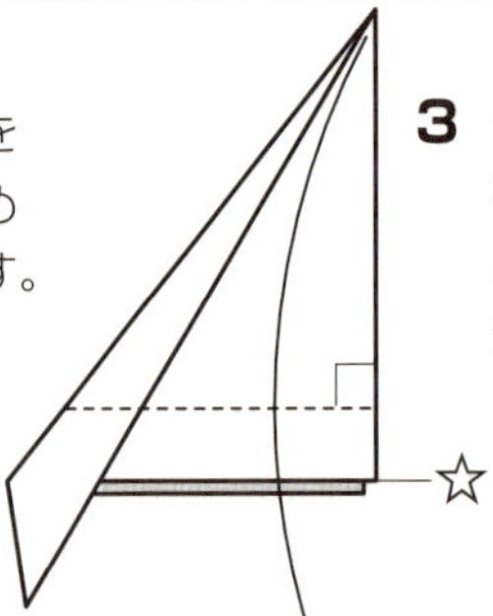
3. ☆の位置と平行になるように、谷折りします。 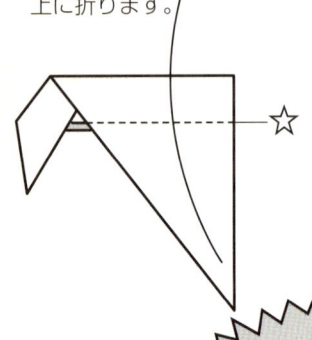
4. 3と同様に上に折ります。 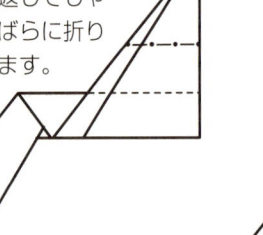
5. 3、4を繰り返してじゃばらに折ります。 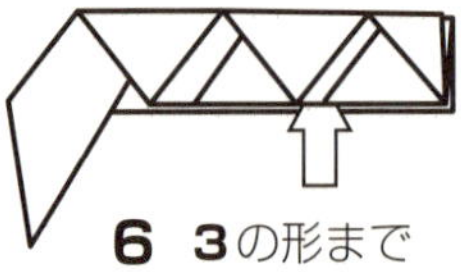
6. 3の形まで開きます。 
7. ギザギザに切ります。ピンキングハサミで切ると簡単です。 
8. 間を開きます。

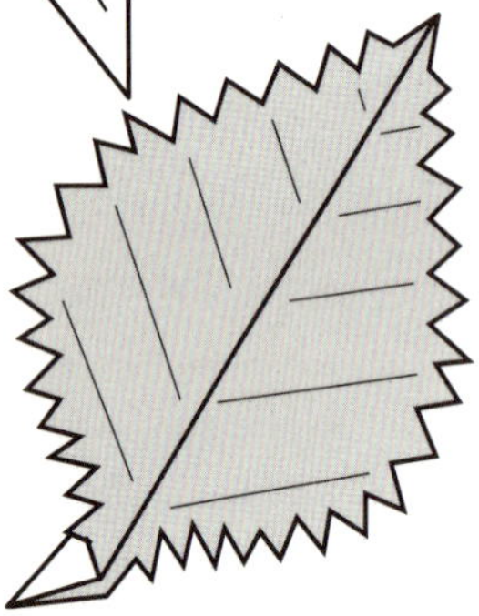

できあがり！

花

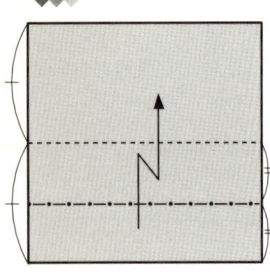

1. 半分くらいのところで段折りします。 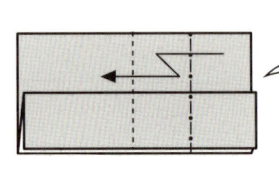
2. 1と同様に段折りします。 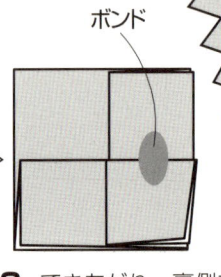
3. できあがり。裏側をボンドで止めても構いません。

ボンド

できあがり！

44

プレゼントの ラッピング

- 紙……洋紙
- 紙の大きさ……品物の大きさに合わせる
- 作品掲載ページ……13ページ

● **one point advice!**
1で山折りする範囲は、少し広めに保っておくのがベストです。

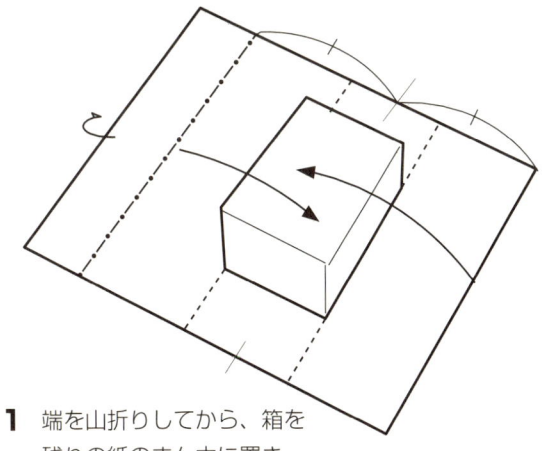

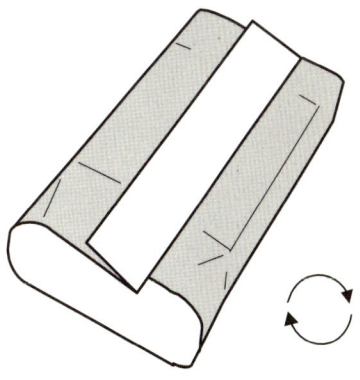

1 端を山折りしてから、箱を残りの紙のまん中に置き、紙を載せます。

2 包んだところ。

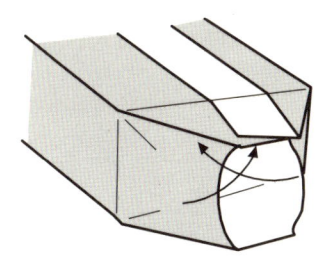

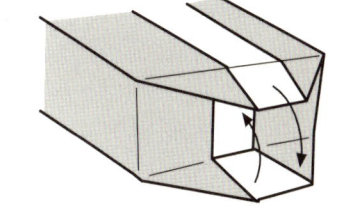

3 側面を箱に合わせて折ります。

4 下を折ってから、上を折ります。

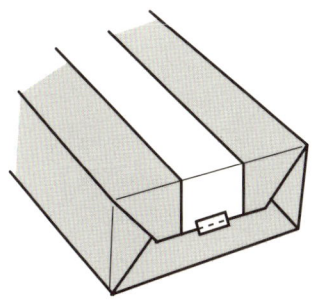

5 リボンなどで飾りましょう。

できあがり！

summer

あさがお

- 紙……和紙（日本紙おりがみ）
- 紙の大きさ……5cm×5cm（花）、5cm×5cm（葉）
- 作品掲載ページ……14ページ

● one point advice!

4で切るときに、いろいろな形で切ってみましょう。

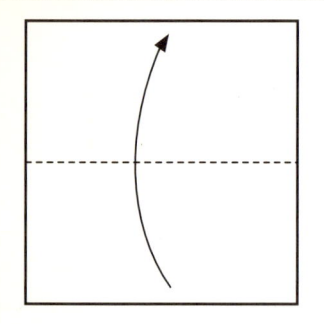

1 半分に折ります。

2 さらに半分に折ります。

3 まとめて折りすじをつけます。

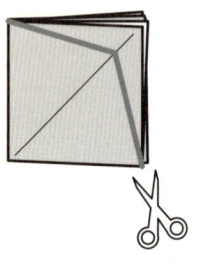

4 図のように切り落とし、開きます。

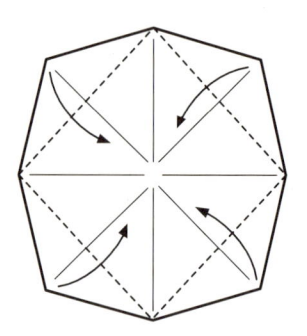

5 切った後を中心に向かって折ります。

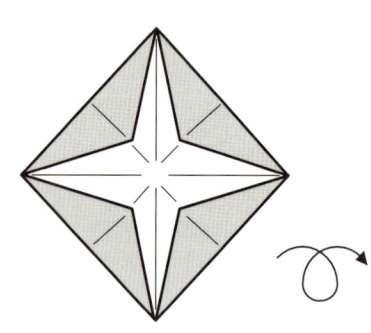

6 折ったところ。

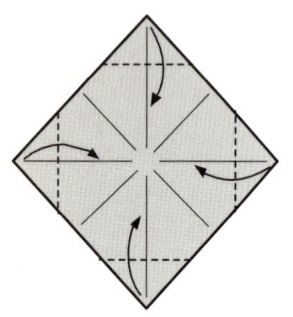

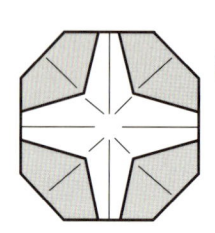

7 角を少し折ります。

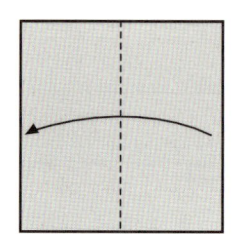

8 花のできあがり。

9 表を中心にして半分に折ります。

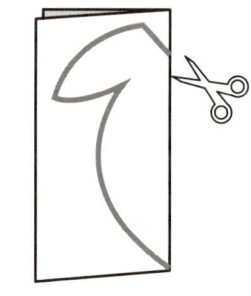

10 図のようで切り落とし、開きます。

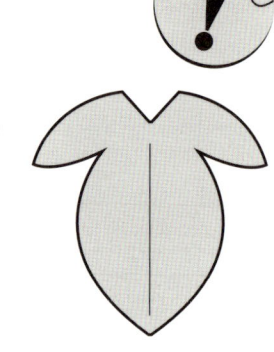

11 葉のできあがり。

46

格子柄のコースター

- 紙……洋紙
- 紙の大きさ……9.5cm×8cm（台紙）、1cm×8.5cm（帯）
- 作品掲載ページ……15ページ

one point advice!
2で編むときに、しっかり差し込みましょう。

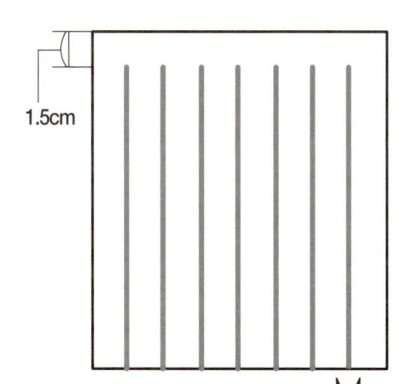

1 8等分の切り込みを入れます（切り込みは7本）。

帯を8本用意します。

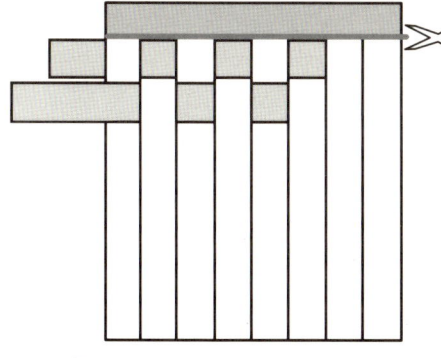

2 図のように互い違いに編んでいき、全部編み終わってから裏返して端をのりづけします。最後に上の部分を切り落として、バラバラのところをのりづけします。

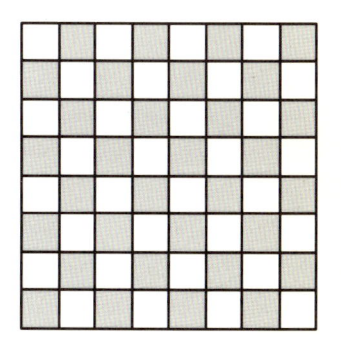

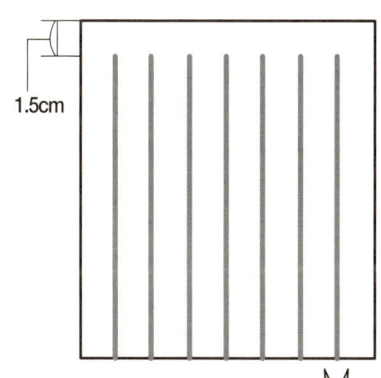

できあがり！

1 8等分の切り込みを入れます（切り込みは7本）。

㋐……4本
㋑……4本 

帯を2種類用意します。

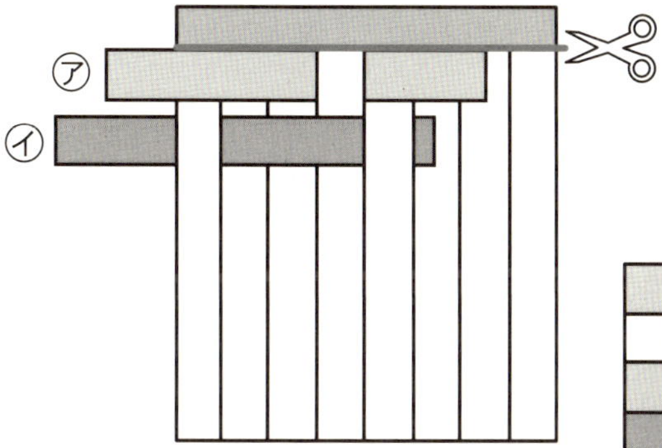

2 図のように㋐、㋑を編んでいきます。全部終わってから裏返して端をのりづけします。最後に上の部分を切り落として、バラバラのところをのりづけします。

できあがり！

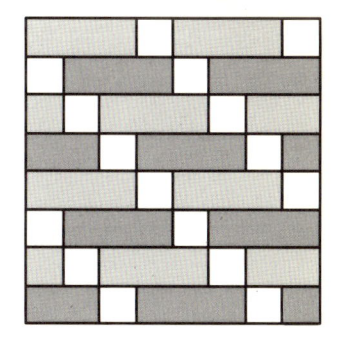

… summer

ランチボックス

- 紙……洋紙もしくは和紙
- 紙の大きさ……40cm×40cm（箱・フタとも）
- 作品掲載ページ……16ページ

one point advice!
箱は、3〜9まで細かく折っていく必要があります。

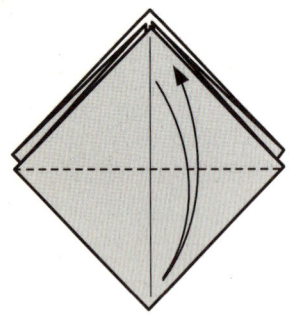

◀ 箱

1 四角折り（35ページ）から、上の1枚のみ折りすじをつけます。

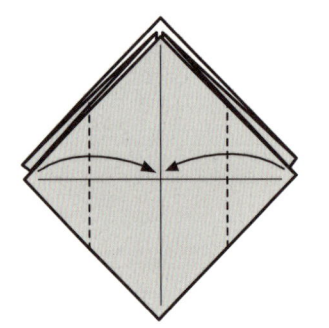

2 まん中に合わせて折ります。

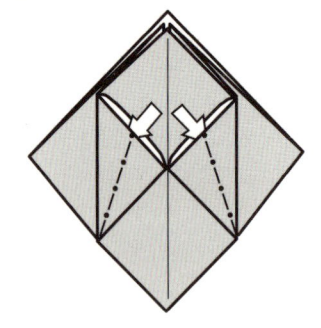

3 間を開いてつぶします。

4 折ったところ。

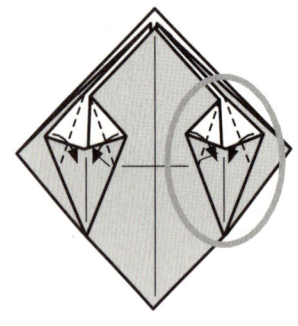

5 谷折りします。

6 拡大図。

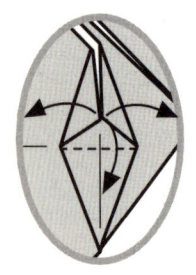

7 広げて下に折ります。

8 途中の図。

9 折ったところ。他の3カ所も①〜⑨までと同様に折ります。

48

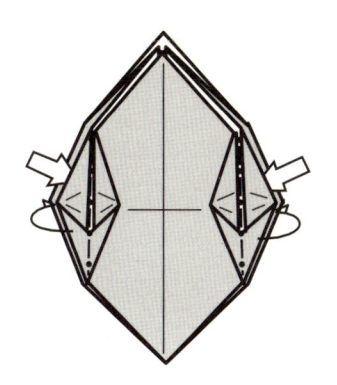

10 山折りして間に入れます。裏も同様にします。

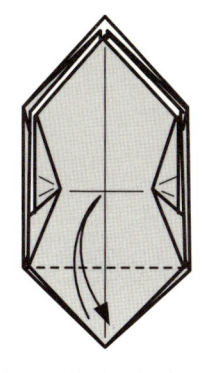

11 折りすじをつけます。

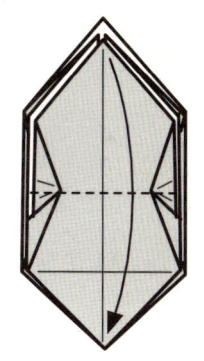

12 上の1枚を半分に折ります。裏も同様にします。

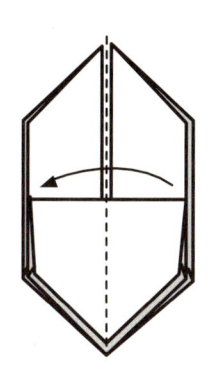

13 上の1枚を左に折ります。裏も同様にします。

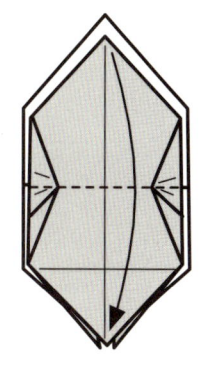

14 上の1枚を半分に折ります。裏も同様にします。

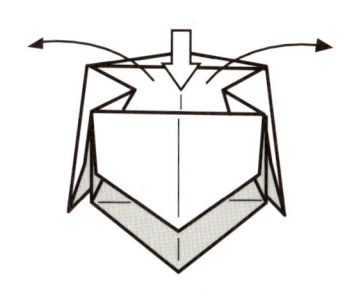

15 中を広げて形を整えます。

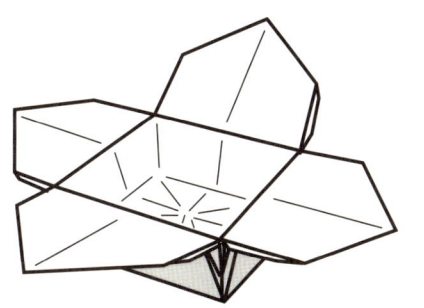

できあがり！

49

summer

ランチボックスのフタ

one point advice!
フタでは、4は☆を開いて5のようにして、☆を戻すときれいにできます。

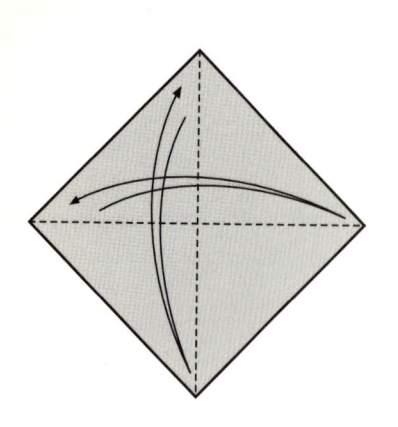

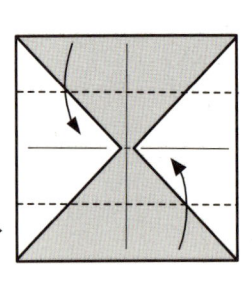

1　表を上にして、折りすじをつけます。

2　上下は山折り、左右は谷折りします。

3　中央の線に合わせて折ります。

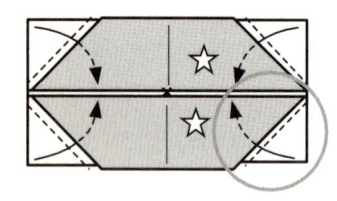

4　☆を開いて角を三角に折ります。

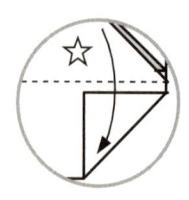

5　途中の図。☆を戻します。残り3カ所とも同様にします。

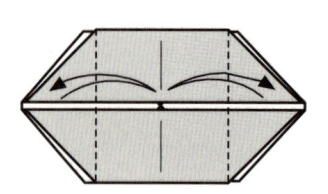

6　折りすじをつけます。

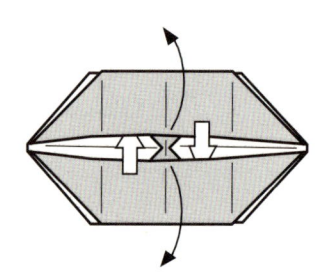

7　間を開いて立体にします。

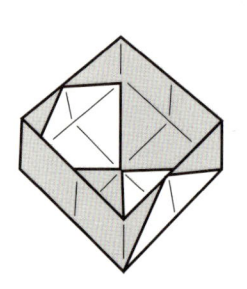

8　できあがり。裏返してかぶせます。

舟の器

- 紙……和紙
- 紙の大きさ……21cm×21cm
- 作品掲載ページ……17ページ

● **one point advice!** ●
6の折り方で、底の広さが変わります。

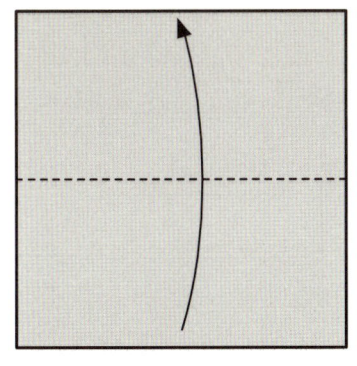

1 表を中にして半分に折ります。

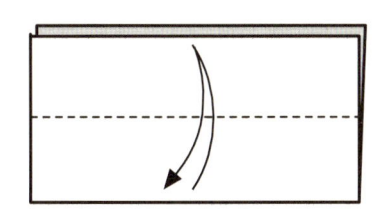

2 半分のところに折りすじをつけます。

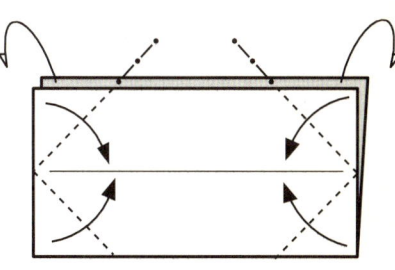

3 上の1枚の角を4カ所谷折りします。裏も同様に上の角を折ります。

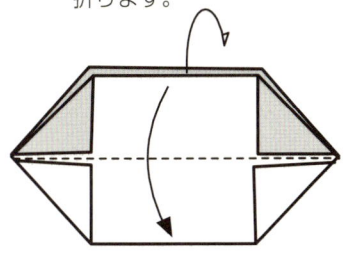

4 半分に折ります。裏も同様にします。

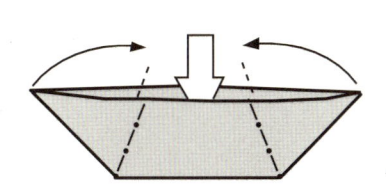

5 間を開いて角を中央に持ってきてからつぶします。

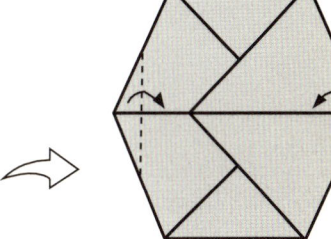

6 両側を少し折ります。

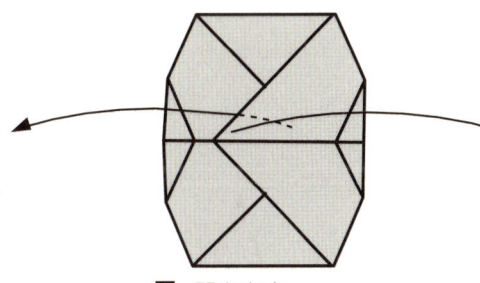

7 開きます。

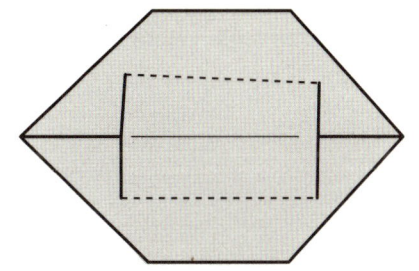

8 図の位置を谷折りして底を作ります。

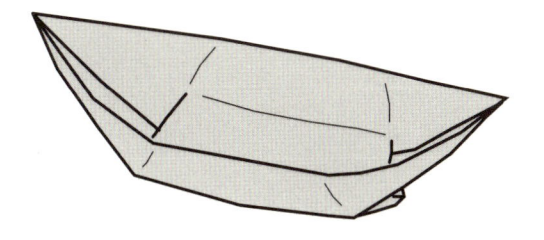

できあがり!

夏 summer

四角い器

- 紙……和紙
- 紙の大きさ……16cm×16cm
- 作品掲載ページ……17ページ

one point advice!
5はそれぞれの折り線をよく見て、箱のような形にしながら角を折りましょう。

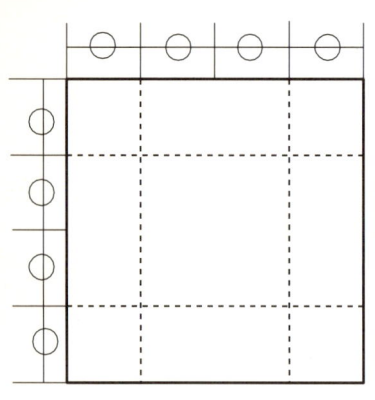

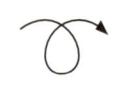

1 図の位置に折りすじをつけます。

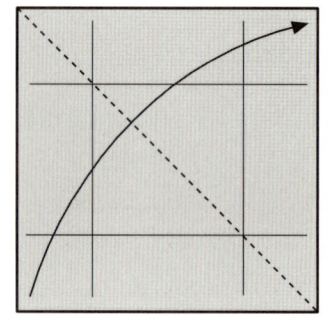

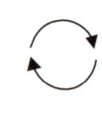

2 表を中にして三角に折ります。

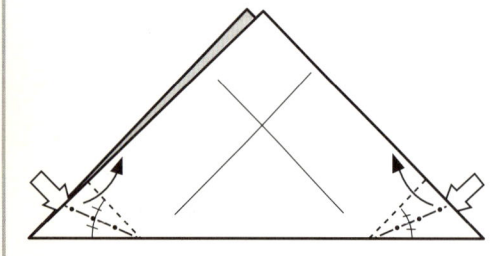

3 折り線通りに折って開いてつぶします。

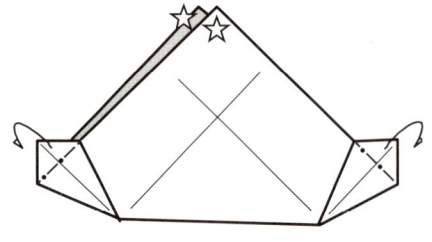

4 先を山折りします。いったん全部開いて、☆の角も3、4と同様に折り、開きます。

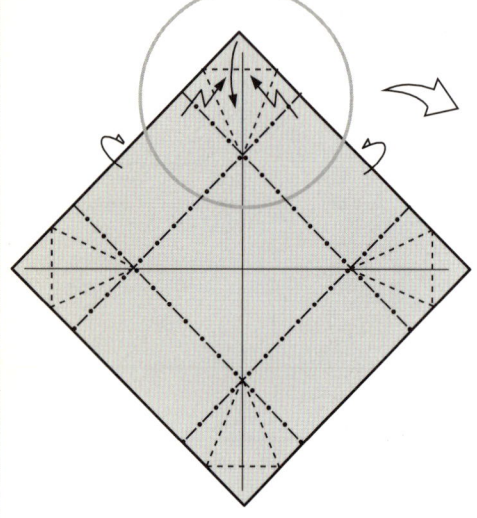

5 立体にして4つの角をそれぞれ段折りします。

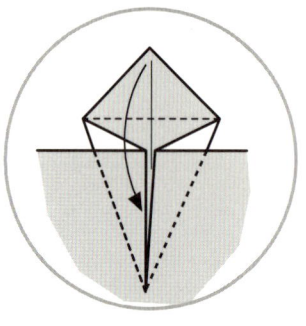

6 折ったところ。三角に折ってフタのようにかぶせます。

できあがり！

財布

- 紙……洋紙
- 紙の大きさ……24cm×63cm
- 作品掲載ページ……18ページ

● **one point advice!**
②で左右の折り幅を変えないと、④の差し込みがうまくいきません。

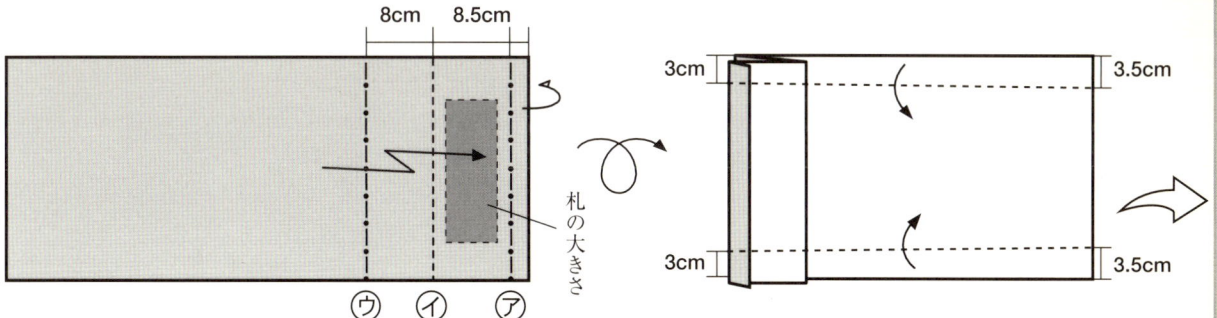

1 ㋐は山折り、㋑、㋒は段折りします。

2 少し斜めに谷折りします。

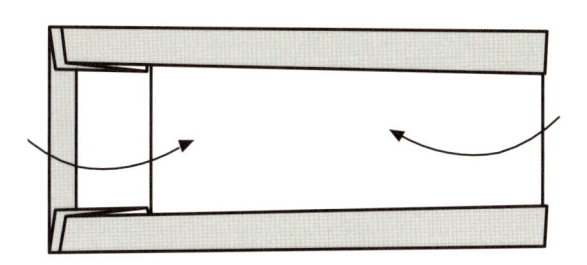

3 両側から丸めて輪にします。

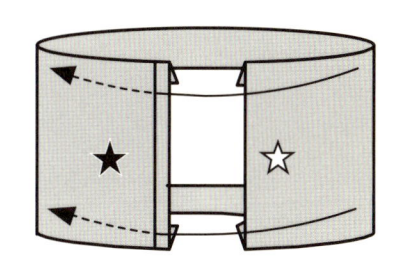

4 ☆を★の中に差し込み、入るだけ入れます。

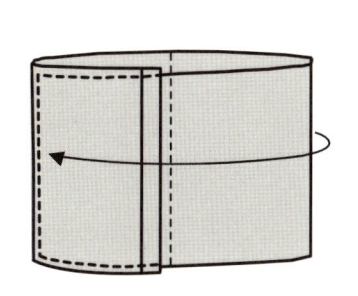

5 まとめて折ります。

できあがり！

53

秋 autumn

定期入れ

- 紙……和紙
- 紙の大きさ……26cm×22cm
- 作品掲載ページ……18ページ

one point advice!
4以降、中央のあきは上が広いことに注意しましょう。

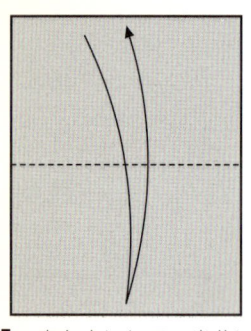

1 表を中にして、半分に折りすじをつけます。

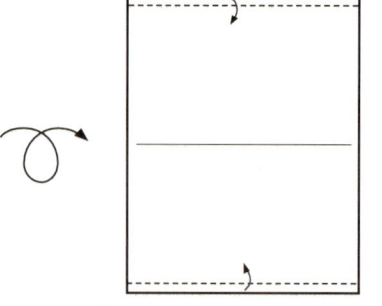

2 上下を1cmくらい折ります。

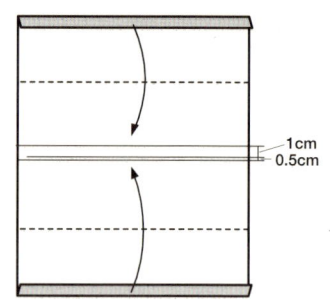

3 1でつけた折り線から、少し間をあけて谷折りします。

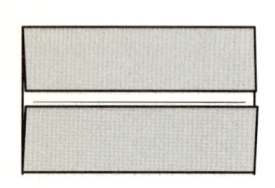

1cm
0.5cm

4 上が少し多めにあきます。3の形に戻します。

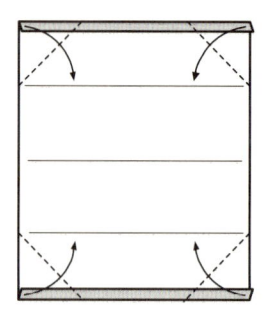

5 角をそれぞれ三角に谷折りします。

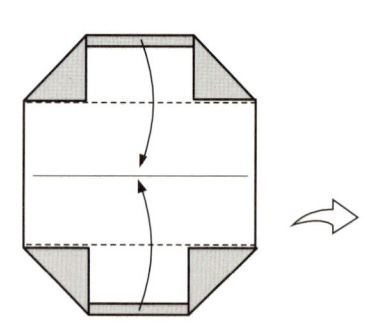

6 3でつけた折り線を使って折ります。

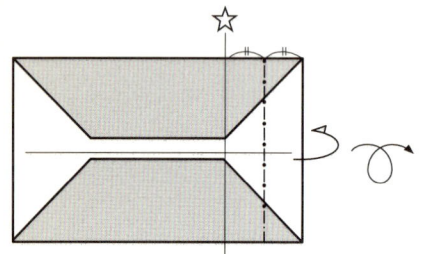

7 ☆に合わせるように裏側へ折ります。

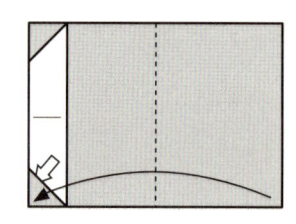

8 下の角が左の三角のポケットに入れるように半分に折ります。

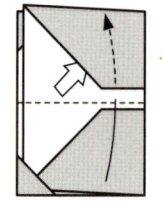

9 上のポケットに入れながら半分に折ります。

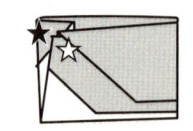

10 ☆を★のポケットに入れます。

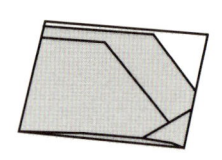

できあがり！

54

花型の器

- 紙……洋紙、壁紙
- 紙の大きさ……24cm×24cm、30cm×30cm
- 作品掲載ページ……19ページ

● **one point advice!** ●
8を折るときは、9の図を参考にしてから折ってください。

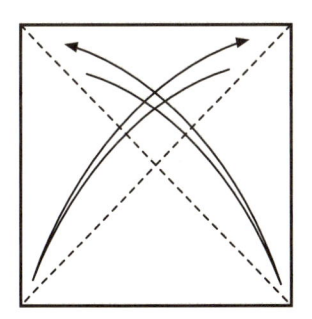

1 三角に折って折りすじをつけます。

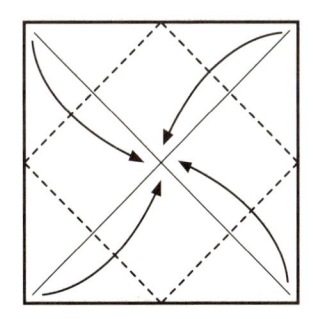

2 ざぶとん折り（35ページ）の要領で、中心に合わせるように角を折ります。

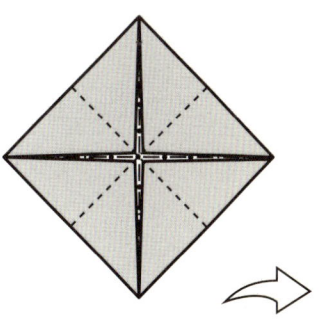

3 四角折り（35ページ）をします。

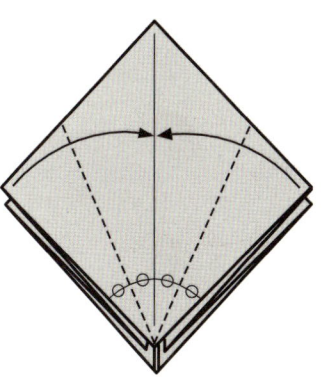

4 まん中の線に合わせて折ります。裏も同様にします。

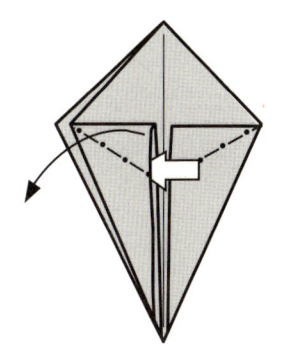

5 4カ所とも間を開いて、つぶします。

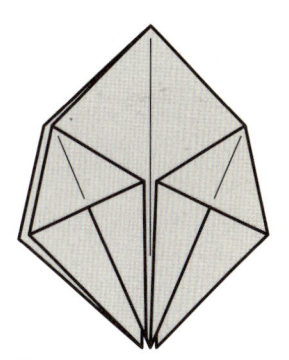

6 折ったところ。3まで開きます。

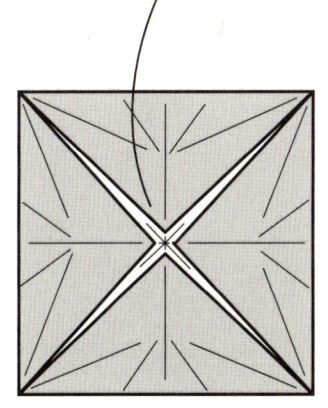

7 1枚のみ開きます。

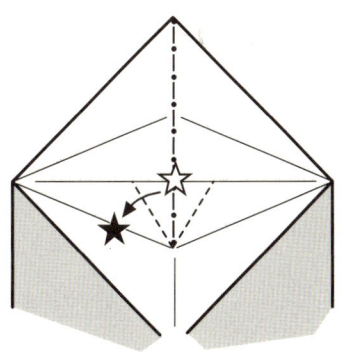

8 折り線を確認して☆が★につくように折ります。

秋 autumn

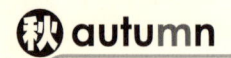

9 ☆をつまんでたたみます。

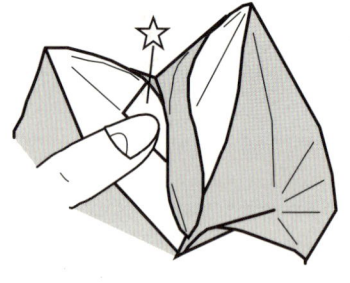

10 9でたたんだ☆の部分を
おさえます。

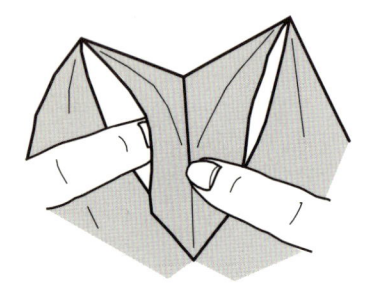

11 10をおさえたまま、上から
きれいに整えます。

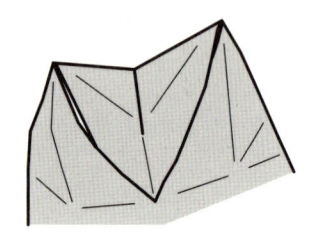

12 1つできたところ。他の3カ所も
8〜12と同様に折ります。

できあがり！

56

ランチョンマット

- 紙……洋紙
- 紙の大きさ……30cm×42cm（台紙）、2.5cm×42cm（帯）
- 作品掲載ページ……20ページ

one point advice!
長さを正確に切り、最後は1番下を入れてから1つ上に入れると、きれいにできます。

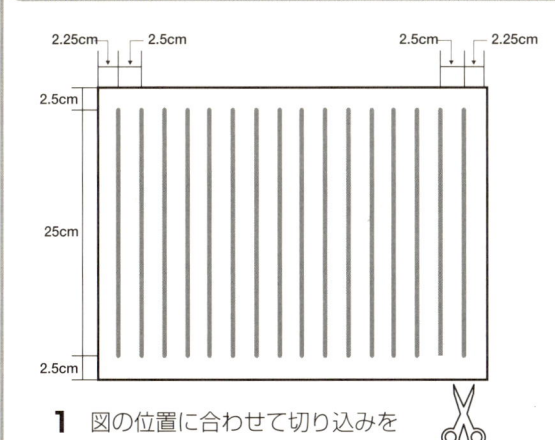

1 図の位置に合わせて切り込みを16本入れます。

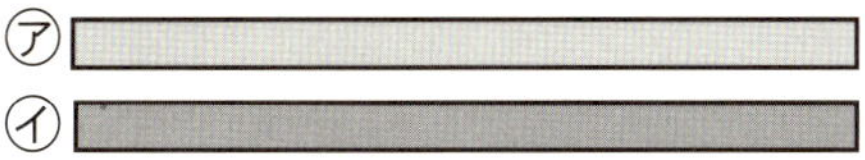

帯㋐、㋑を各5本ずつ作ります。

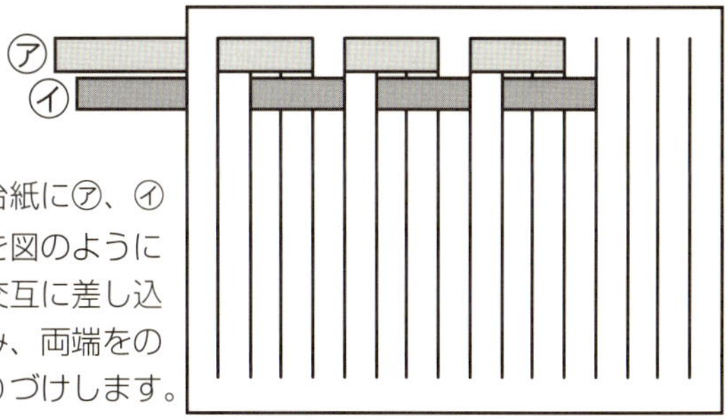

2 台紙に㋐、㋑を図のように交互に差し込み、両端をのりづけします。

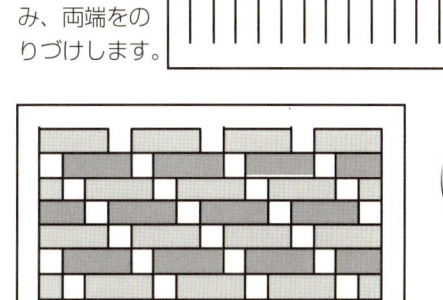

できあがり！

ワインボトルのラッピング

- 紙……洋紙
- 紙の大きさ……ワインボトルの大きさに合わせて
- 作品掲載ページ……21ページ

one point advice!
切り方はギザギザや丸くしたりと、いろいろなバージョンのラッピングが楽しめます。

1 ビンに合わせて好きな長さで切ります。

2 切ったところ。

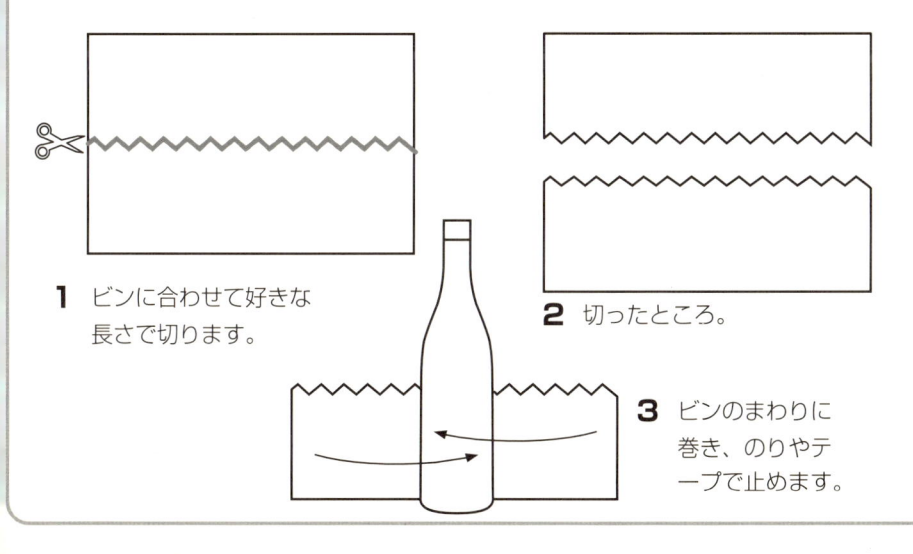

3 ビンのまわりに巻き、のりやテープで止めます。

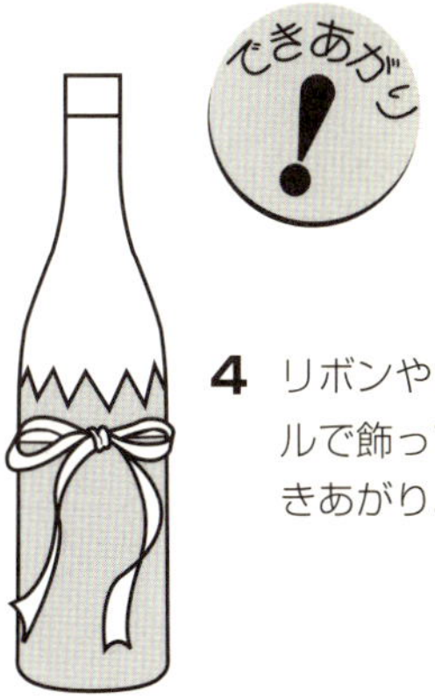

4 リボンやシールで飾ってできあがり。

できあがり！

秋 autumn

スナックボックス

- 紙……洋紙
- 紙の大きさ……30cm×30cm
- 作品掲載ページ……22ページ

one point advice!
12の中割り折りは、上の1枚だけ折ります。

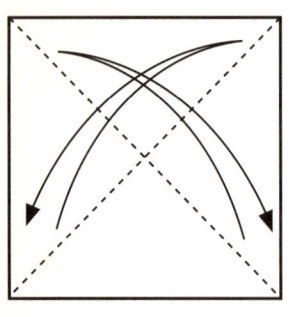

1 折りすじをつけます。

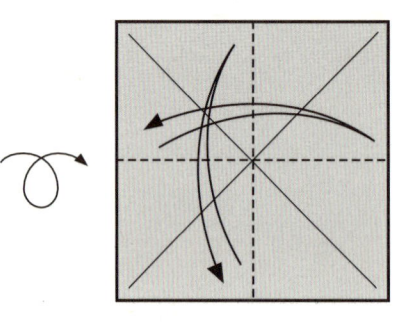

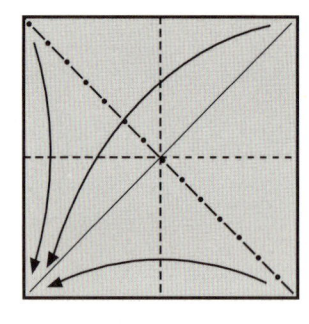

2 折りすじをつけます。

3 表を中にして四角折り（35ページ）をします。

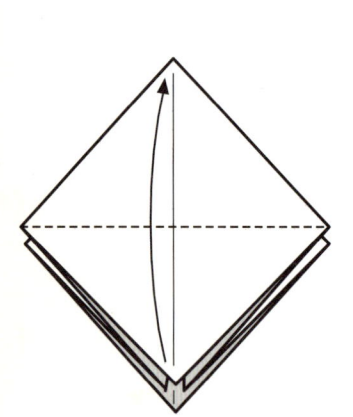

4 上の1枚のみ半分に折ります。裏も同様にします。

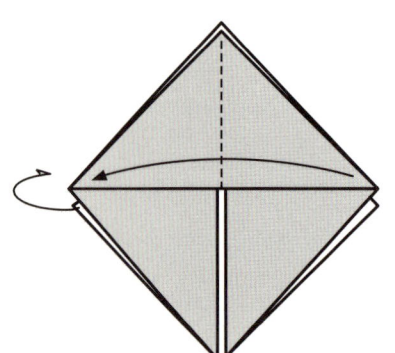

5 1枚左に折ります。裏も同様にします。

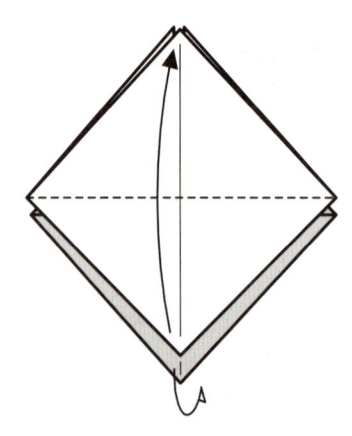

6 上の1枚を半分に折ります。裏も同様にします。

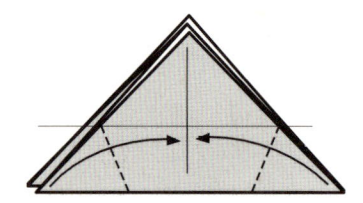

7 角が中央の線に合うように折ります。裏も同様にします。

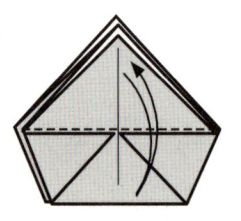

8 上の1枚のみ折りすじをつけます。

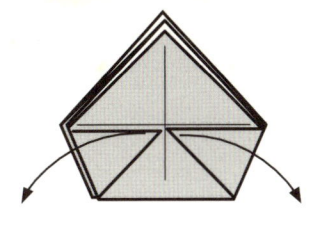

9 開きます。

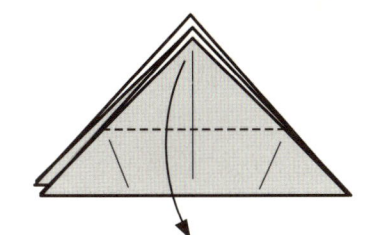

10 2でつけた折り線で折ります。

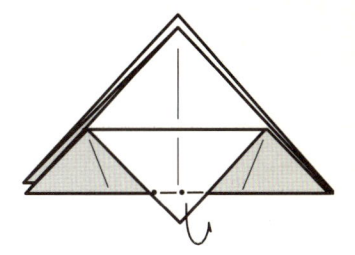

11 先を山折りします。

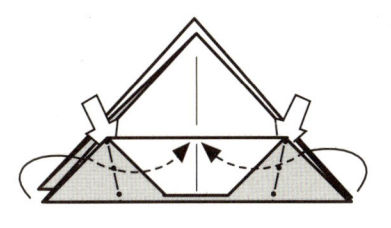

12 上の1枚を開いて中割り折り（34ページ）します。裏も 8〜12と同様にします。

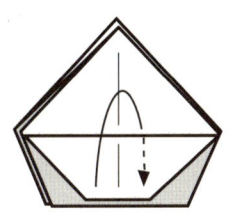

13 内側へ入れます。裏も同様にします。

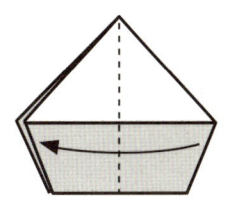

14 左へ折ります。裏も同様にします。間も 10、11、13と同様にします。

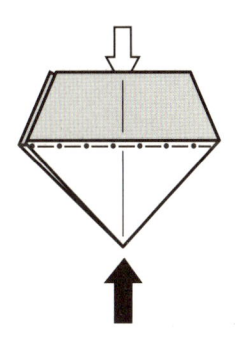

15 底を中に押して上を開きます。

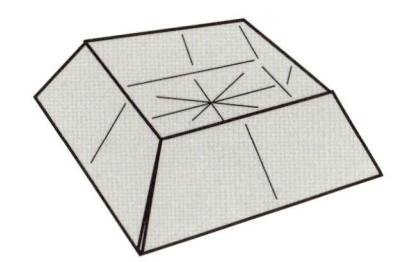

できあがり！

秋 autumn

手裏剣型コースター

- 紙……洋紙
- 紙の大きさ……15cm×15cm
- 作品掲載ページ……22ページ

● **one point advice!**
2、3を折るときに中心の線にぴったり合わせないで、少し間をあけることによって、**4**が折りやすくなります。

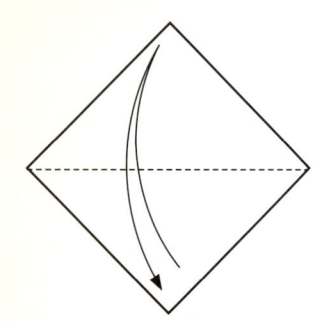

1 折りすじをつけます。

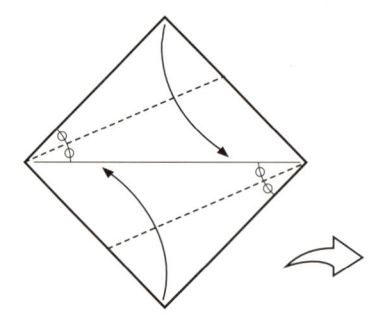

2 1でつけた折り線に合わせて角を折ります。

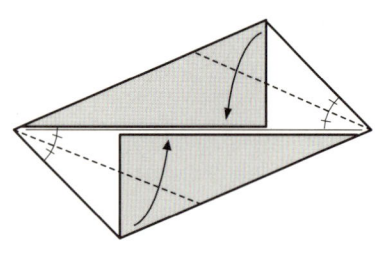

3 2と同様に折ります。

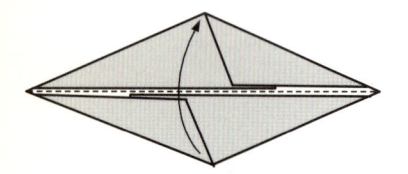

4 半分に折ります。

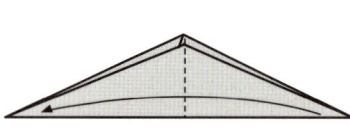

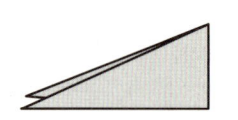

5 半分に折ります。

6 1つできあがり。全部で4つ作ります。

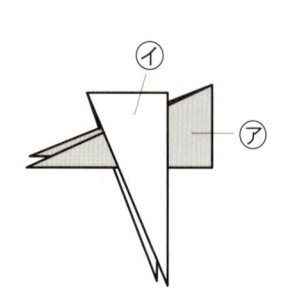

7 ㋐を㋑の中へ入れます。

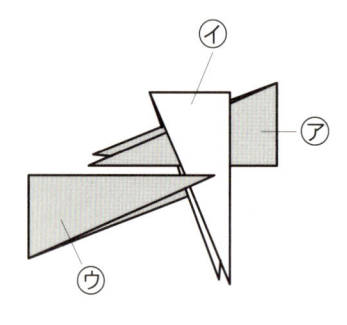

8 ㋑を㋒ではさみます。

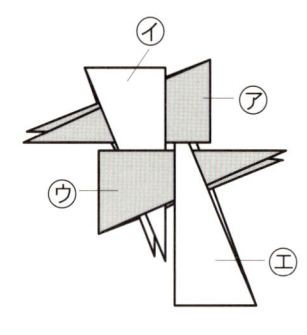

9 ㋓で㋒をはさんだ後、㋓の先を㋐の中に入れます。

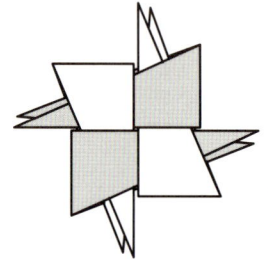

できあがり！

10 形を整えてできあがり。

鶴の カードスタンド

- 紙……包装紙
- 紙の大きさ……18cm×18cm
- 作品掲載ページ……23ページ

● **one point advice!**
5までは鶴と同じ手順で折っていきます。少し厚めの紙で折ると作品がしっかりします。

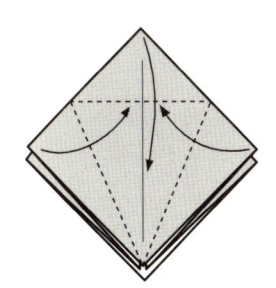

1 四角折り（35ページ）から図のように折ります。

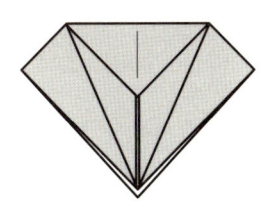

2 折ったところ。1の形になるように開きます。

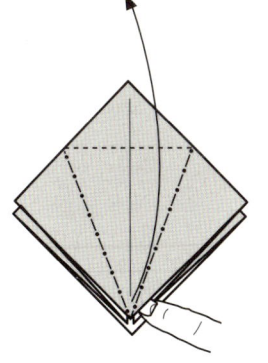

3 間を開いて折り線通りに折ります。

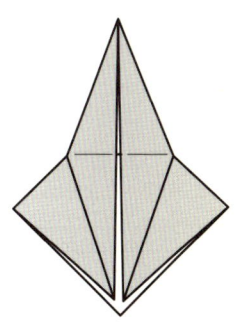

4 折ったところ。裏も1～3と同様にします。

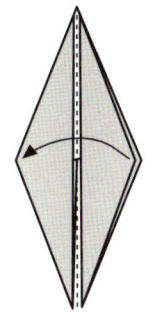

5 1枚左に折ります。裏も同様にします。

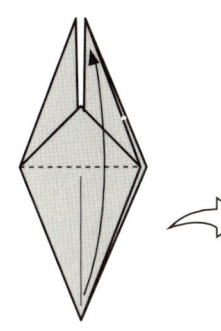

6 上に折ります。裏も同様にします。

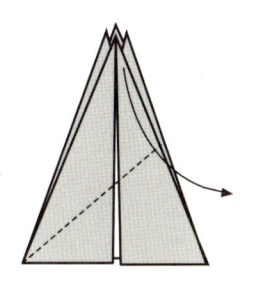

7 少し斜めに折ります。裏も同様にします。

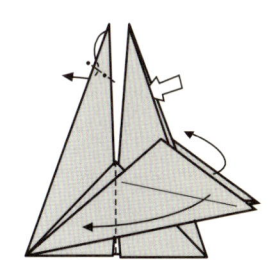

8 頭を中割り折り（34ページ）してから、尾を開き、さらに羽を折ります。

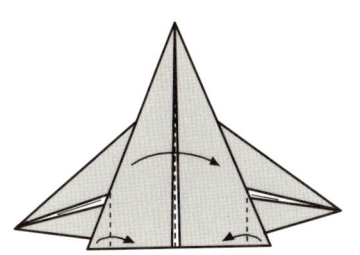

9 後ろ姿。端を少し折ってから、まん中で谷折りして形を整えます。

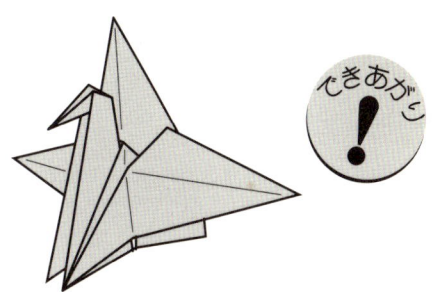

10 できあがり。カードは尾と体の間にはさみます。

できあがり！

61

冬 winter

ブックマーク

- 紙……洋紙
- 紙の大きさ……12cm×12cm
- 作品掲載ページ……23ページ

● one point advice! ●

3が少し厚くなるため、中に入れるときには注意しましょう。

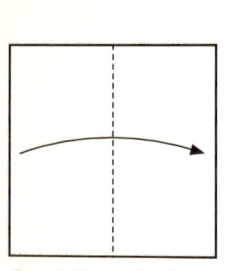

1 半分に折ります。

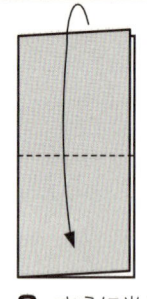

2 さらに半分に折ります。

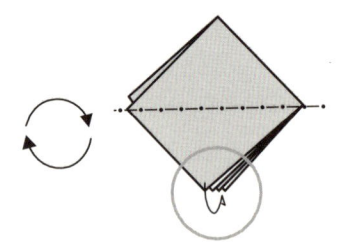

3 上から3枚をまとめ、内側に折り込みます。

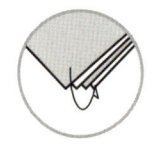

4 拡大図。

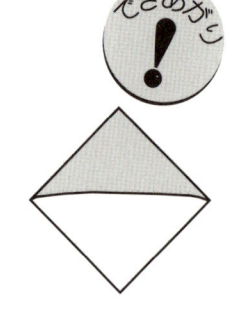

できあがり！

クリスマスプレゼントのラッピング

- 紙……洋紙
- 紙の大きさ……品物の大きさに合わせる
- 作品掲載ページ……24ページ

● one point advice! ●

基本的な包み方です。高さのあるものでも包み方は同じです。

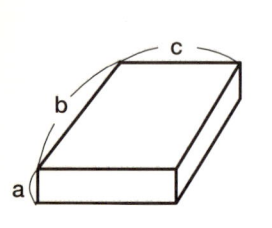

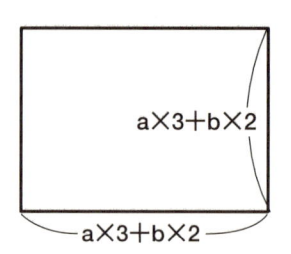

1 箱の大きさ。

2 紙は包むもののaが3倍、bが2倍の大きさにします。

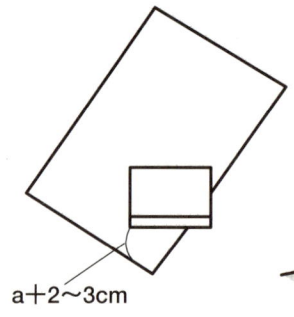

a×3+b×2

a×3+b×2

3 図の位置に置きます。

a+2〜3cm

4 手前の紙を少し折り上げて、箱に合わせます。

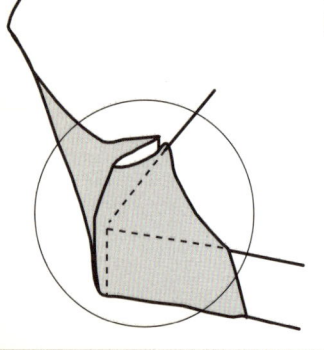

5 側面を垂直に立ち上げて、箱の角に合わせます。

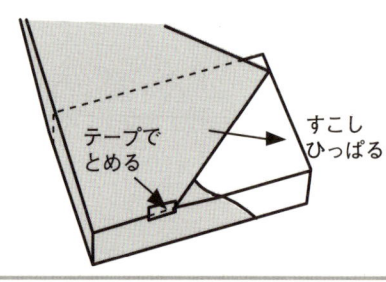

テープでとめる

すこしひっぱる

6 箱の側面にそわせて、少し引っぱりながら折ります。

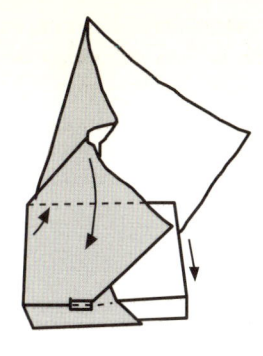

7 箱を手前に押すようにして、たるみを取ります。反対の角に紙を合わせ、手前に折ります。

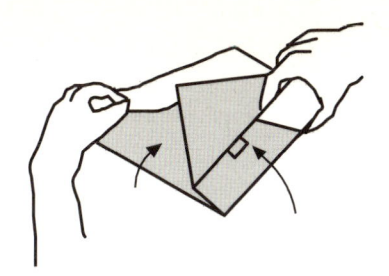

8 箱を回転させながら側面を合わせて折ります。

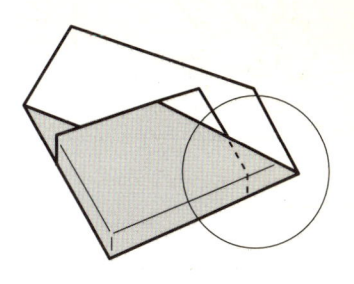

9 位置を確認します。

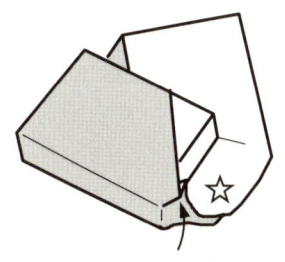

10 角に合わせて折り、☆を側面に合わせて箱をくるみます。

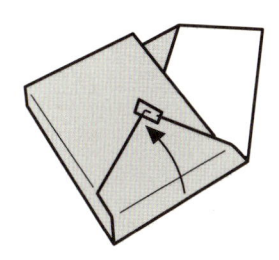

11 テープで止めます。

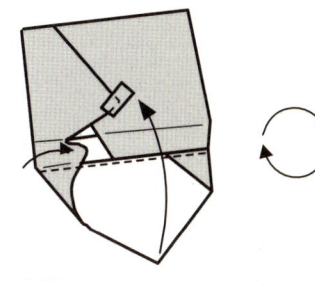

12 箱にそって折ります。

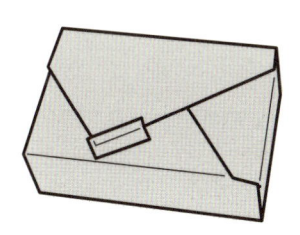

13 テープで止めます。

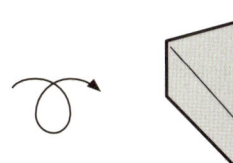

14 包みのできあがり。

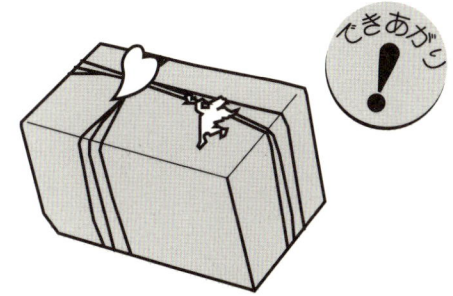

15 ひもや飾りをつけます。

できあがり！

63

冬 winter

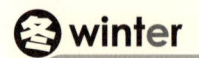

ケーキボックス

- 紙……和紙、洋紙
- 紙の大きさ……18cm×18cm（本体）、18cm×12cm（底・フタ）、18cm×5cm（別紙2枚）、5cm×5cm（かざり）
- 作品掲載ページ……25ページ

one point advice!

①箱は**10**と**13**をよく見て折ります。②フタで**11**に**12**を貼るときは、上から入れていくときれいです。

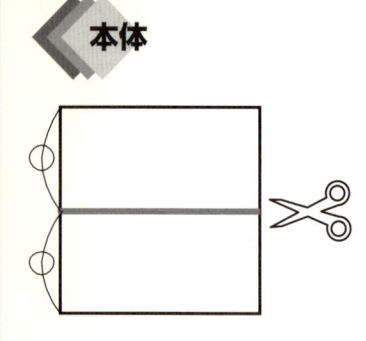

本体

1 半分に切ります。

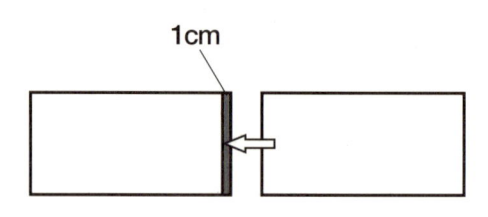

2 1cmののりしろで貼り合わせます。

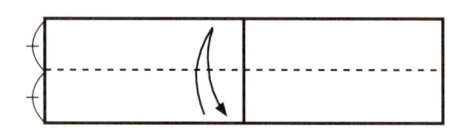

3 半分に折りすじをつけます。

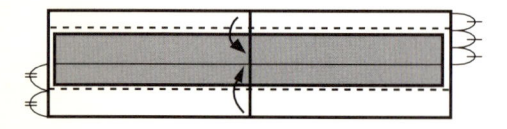

4 別紙も**2**と同様に貼り合わせてから図の位置に貼り、上下を谷折りします。

5 のりづけしたところで山折りします。

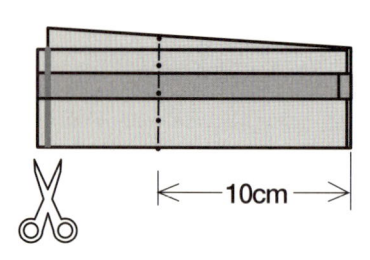

6 余った部分を切り落としてから山折りします。

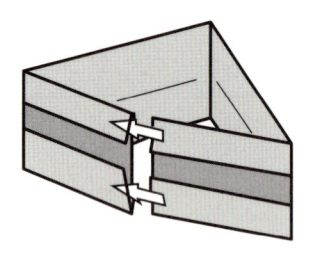

7 端を差し込みます。

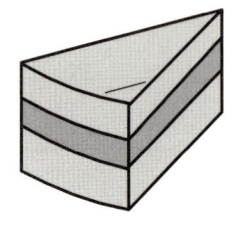

8 本体のできあがり。

底

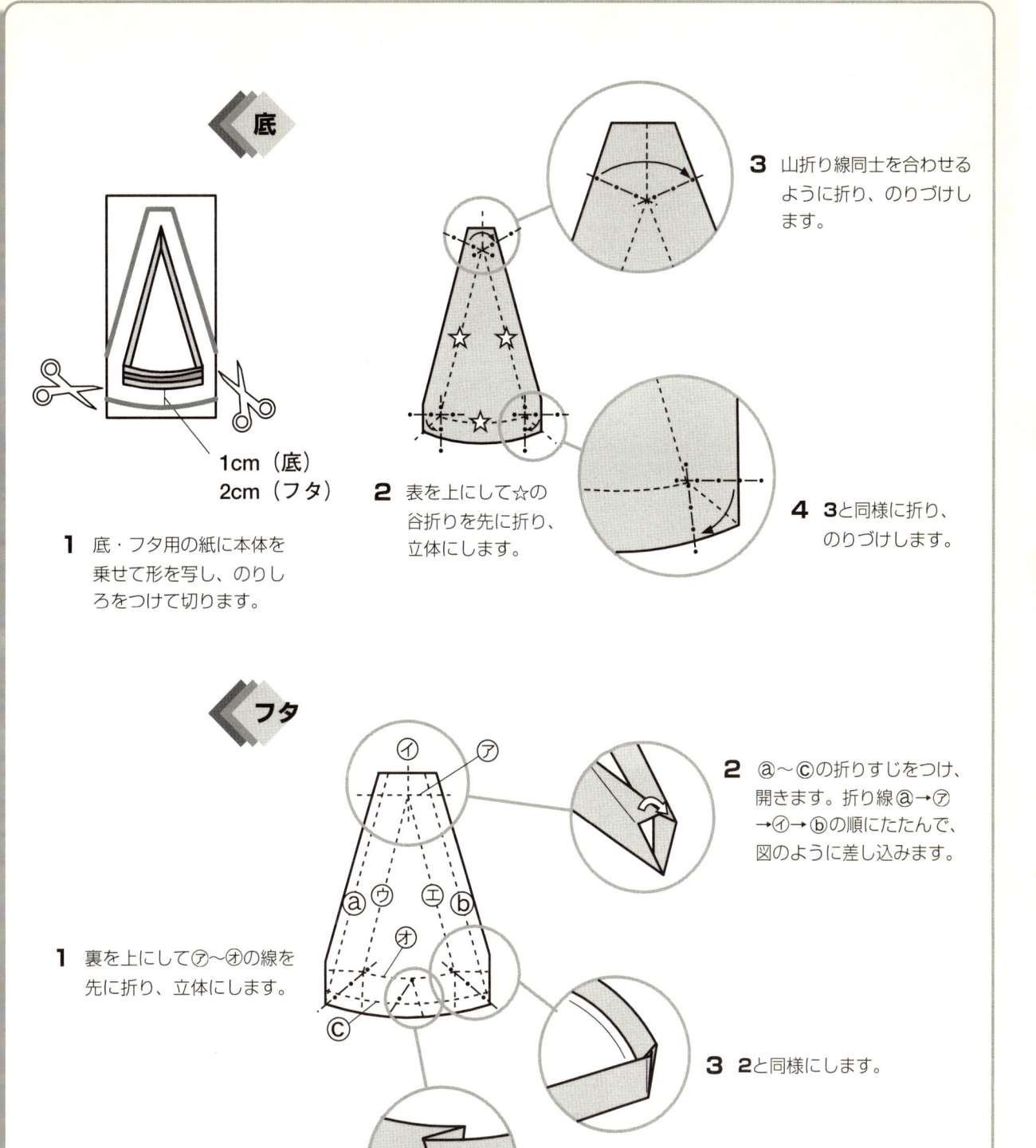

1 底・フタ用の紙に本体を乗せて形を写し、のりしろをつけて切ります。

1cm（底）
2cm（フタ）

2 表を上にして☆の谷折りを先に折り、立体にします。

3 山折り線同士を合わせるように折り、のりづけします。

4 3と同様に折り、のりづけします。

フタ

1 裏を上にして⑦〜⑦の線を先に折り、立体にします。

2 ⓐ〜ⓒの折りすじをつけ、開きます。折り線ⓐ→⑦→⑦→ⓑの順にたたんで、図のように差し込みます。

3 2と同様にします。

4 ダーツをとり、少し曲線を作ります。

65

冬 winter

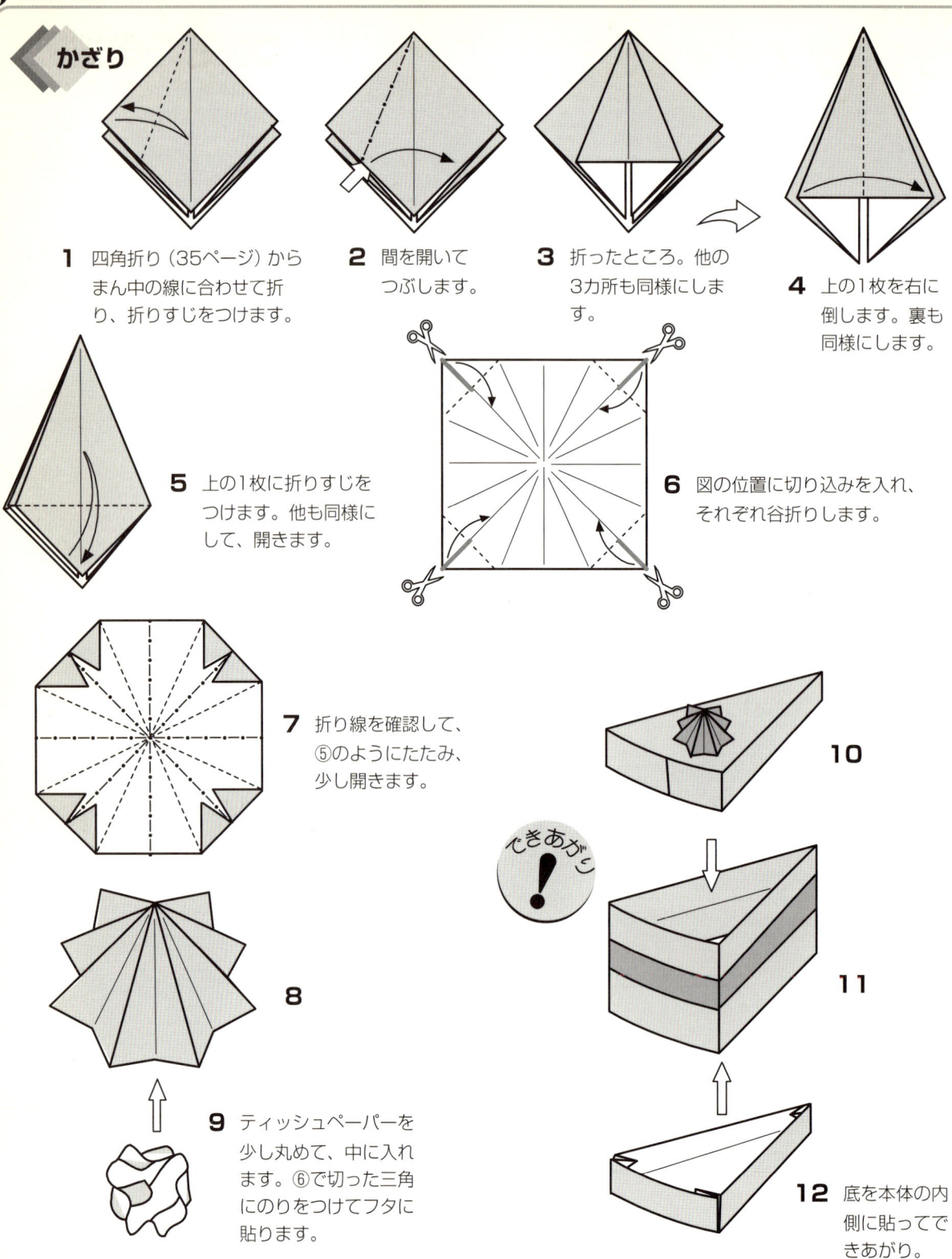

かざり

1 四角折り（35ページ）からまん中の線に合わせて折り、折りすじをつけます。

2 間を開いてつぶします。

3 折ったところ。他の3カ所も同様にします。

4 上の1枚を右に倒します。裏も同様にします。

5 上の1枚に折りすじをつけます。他も同様にして、開きます。

6 図の位置に切り込みを入れ、それぞれ谷折りします。

7 折り線を確認して、⑤のようにたたみ、少し開きます。

8

9 ティッシュペーパーを少し丸めて、中に入れます。⑥で切った三角にのりをつけてフタに貼ります。

10

11

12 底を本体の内側に貼ってできあがり。

できあがり！

バッグスタイルのラッピング

- 紙……洋紙
- 紙の大きさ……品物の大きさに合わせる
- 作品掲載ページ……26ページ

● one point advice!
じゃばらに折るとき、底に多めに折って合わせます。

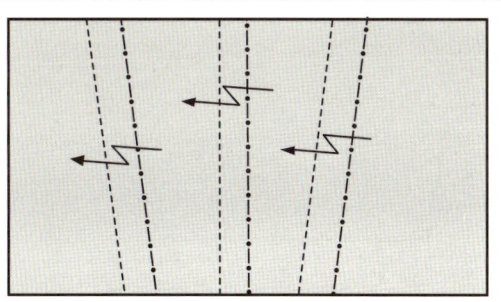

1 フタ付きの紙コップを用意し、コップに合わせてじゃばらに折ります。

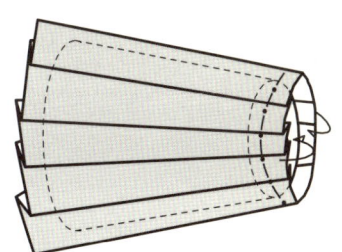

2 中身を包んで底を折り込み、シールで止めます。

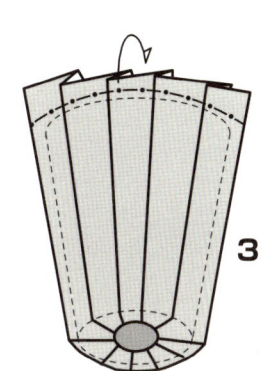

3 上を内側に折り込みます。

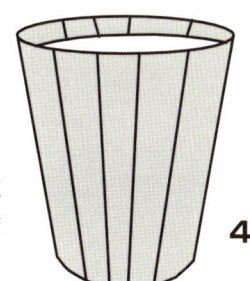

4 折ったところ。フタをします。

できあがり!

ピラミッド型の容器

- 紙……洋紙
- 紙の大きさ……24cm×24cm、29cm×29cm
- 作品掲載ページ……27ページ

● one point advice!
2で巻き込む際に、円すい形になるようにするときれいです。

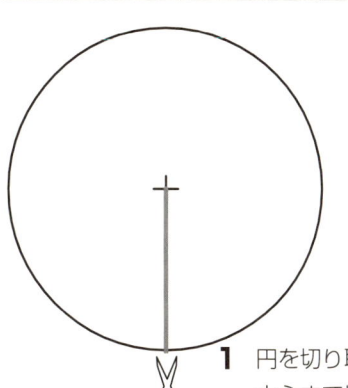

1 円を切り取ってから、中心まで切り込みを入れます。

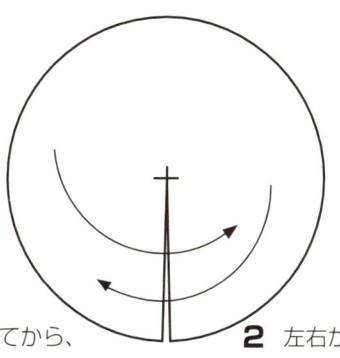

2 左右から巻き込み、適当なところをテープで止めます。

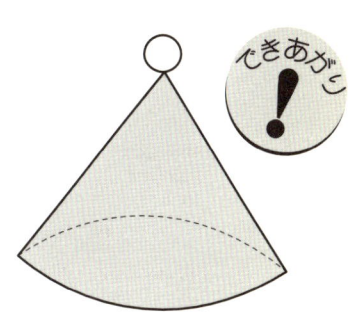

3 できあがり。先端にリボンなどをさすときれいです。

できあがり!

winter

ポインセチアの飾り

- 紙……和紙
- 紙の大きさ……10cm×10cm、12cm×12cm（がく）、2cm×8cm（花6枚、リボンA・B）
- 作品掲載ページ……28ページ

one point advice!
はさみで切る際、切り込み部分を注意しましょう。

がく

1 折りすじをつけます。

2 ○は折りすじをつけて、●は折ります。

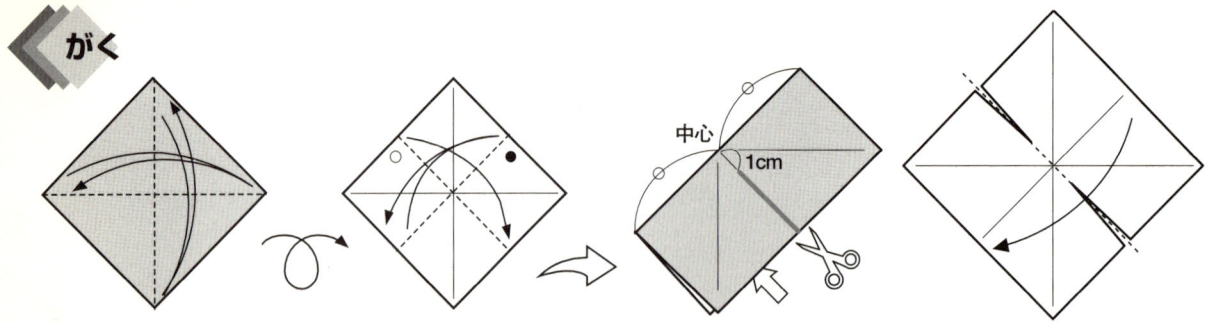

3 はさみで1cm残して切り込みを入れ、開きます。

4 図のように折ります。

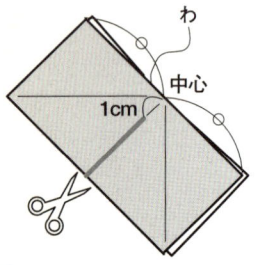

5 はさみで1cm残して切り込みを入れ、開きます。

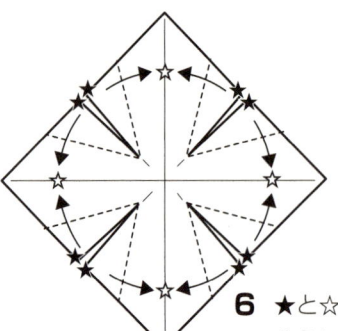

6 ★と☆が合うようにななめに折ります。

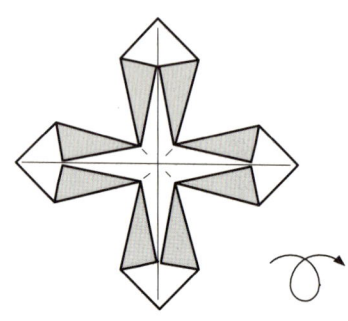

7 折ったところ。

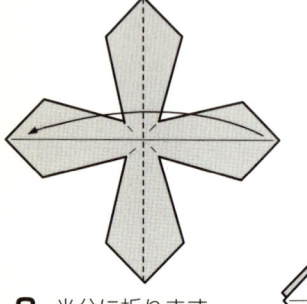

8 半分に折ります。

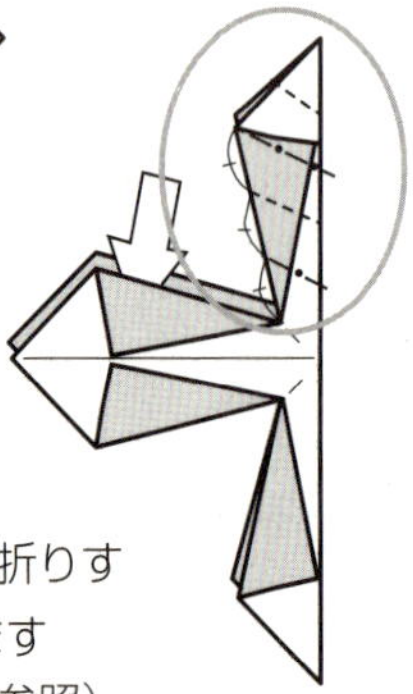

9 4カ所とも折りすじをつけます（10〜12参照）。

10 角を三角に折ります。

11 ☆と☆が平行になるように、じゃばらに折ります。

12 折ったところ。開きます。

できた（大）を2枚ずらして重ねて貼り、さらに2枚重ねて貼ります。最後に（小）1枚を重ねて貼ります。

花

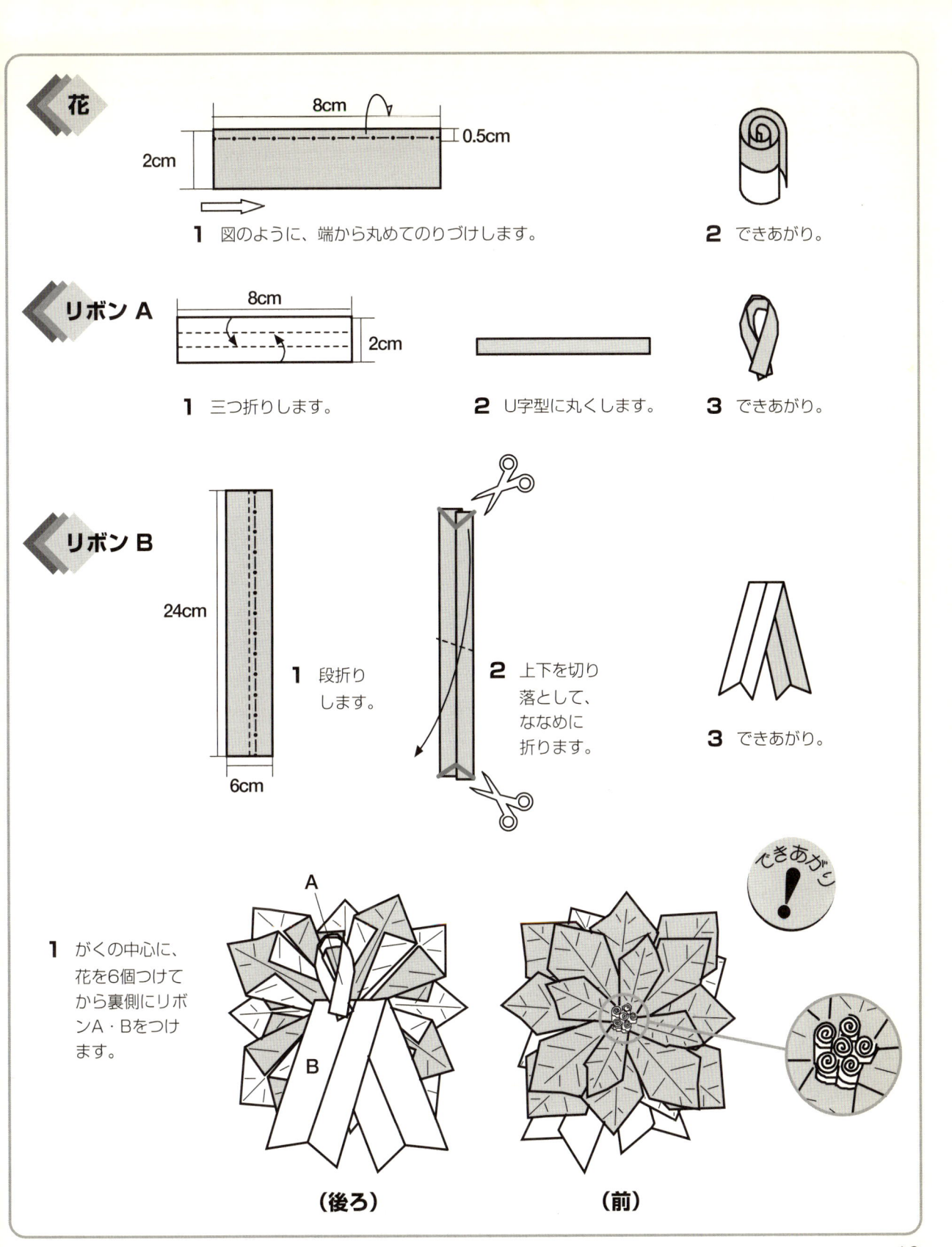

8cm / 2cm / 0.5cm

1 図のように、端から丸めてのりづけします。

2 できあがり。

リボン A

8cm / 2cm

1 三つ折りします。

2 U字型に丸くします。

3 できあがり。

リボン B

24cm / 6cm

1 段折りします。

2 上下を切り落として、ななめに折ります。

3 できあがり。

1 がくの中心に、花を6個つけてから裏側にリボンA・Bをつけます。

（後ろ）　（前）

できあがり！

69

冬 winter

お年玉袋

- 紙……和紙、洋紙
- 紙の大きさ……31cm×14cm
- 作品掲載ページ……29ページ

one point advice!
29ページで右側の袋は、10で山折りをしないで、そのまま折っていきましょう。

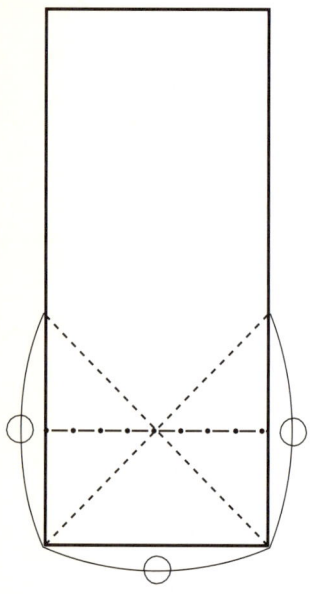

1 折りすじをつけて三角折り（35ページ）をします。

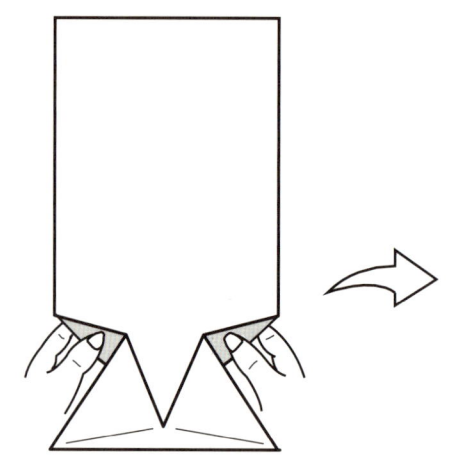

2 途中の図。

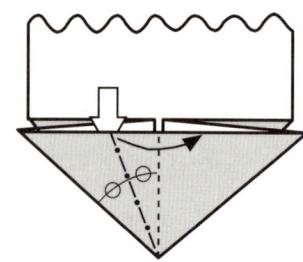

3 上の1枚のみ間を開いてつぶします。

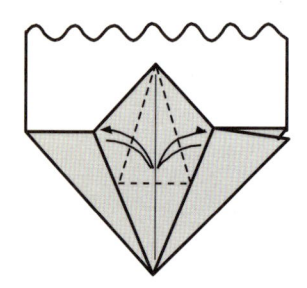

4 折りすじをつけます。

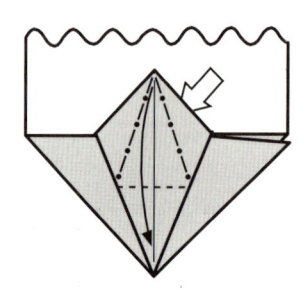

5 折り線通りに開いてたたみます。

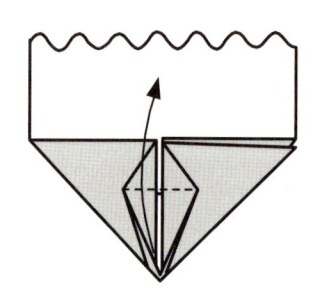

6 上の1枚のみ上に折ります。

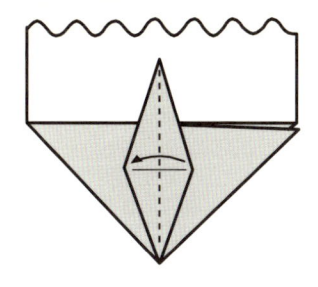

7 左に倒します。

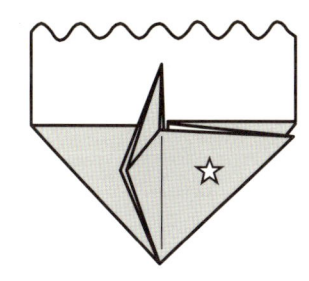

8 ☆も**3**〜**5**と同様に折り、右に倒します（品物の大きさに合わせる）。

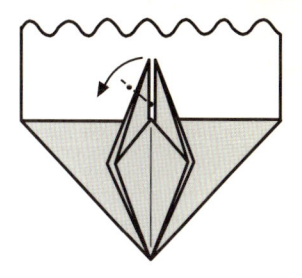

9 頭を中割り折り（34ページ）します。

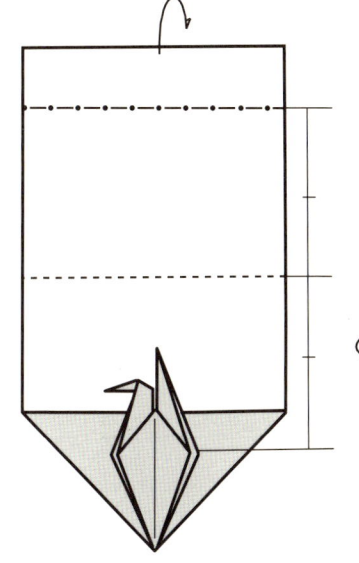

10 上を少し山折りしてから図の位置で折って、間に差し込みます。

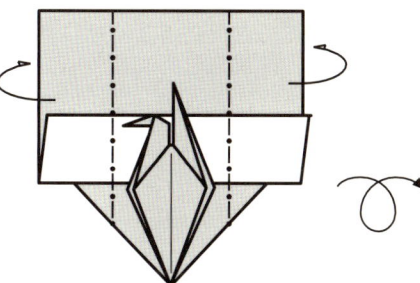

11 両側を山折りします。

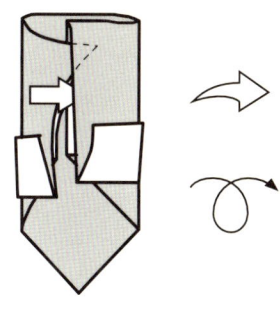

12 間に差し込みます。

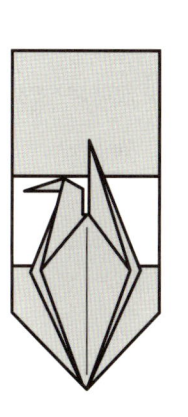

できあがり！

冬 winter

たとう折り

- 紙……和紙
- 紙の大きさ……15cm×15cm
- 作品掲載ページ……30ページ

one point advice!
9は、折り線をよく見てたたみましょう。

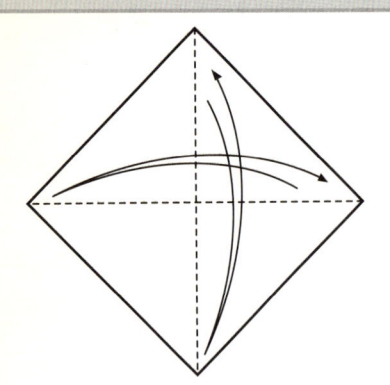

1 折りすじをつけます。

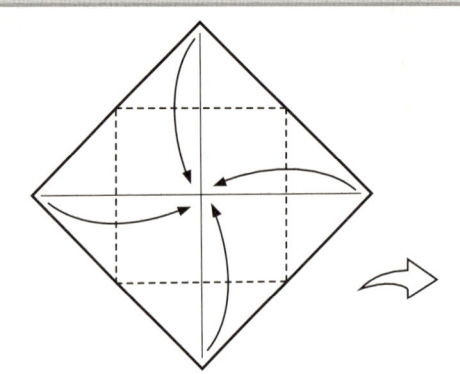

2 中心に向かって折ります。

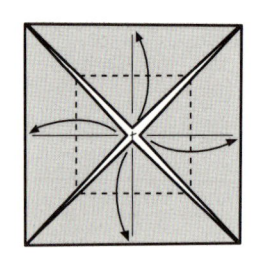

3 中心から半分に折ります。

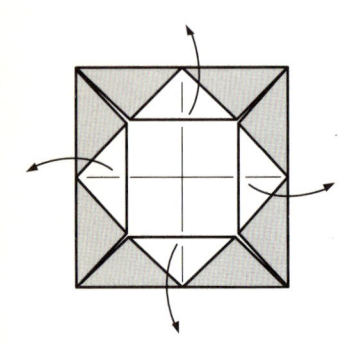

4 そのまま開きます。

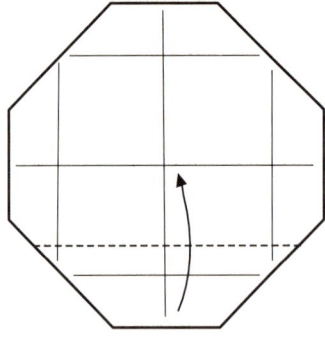

5 中心に向かって半分に折ります。

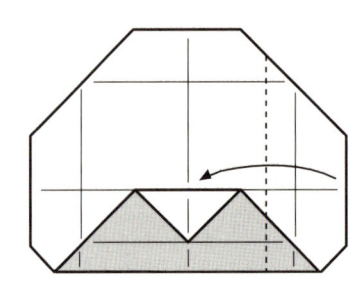

6 5と同様に折ります。

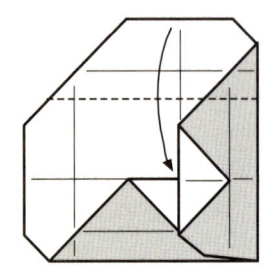

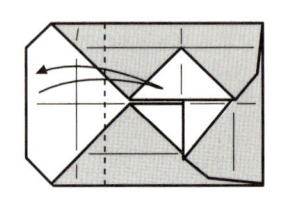

7 6と同様に折ります。

8 折りすじをつけます。

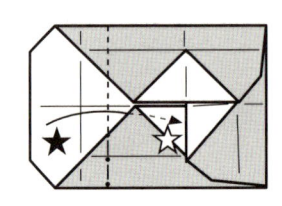

9 5で折った部分（☆）を少し開いて★を差し込みます。

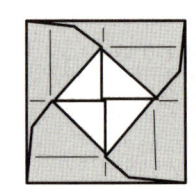

できあがり！

うさぎの箸置き

- 紙……洋紙
- 紙の大きさ……7.5cm×7.5cm
- 作品掲載ページ……31ページ

● **one point advice!** ●
8で耳をあまり多く引き上げないようにすると、かわいく仕上がります。

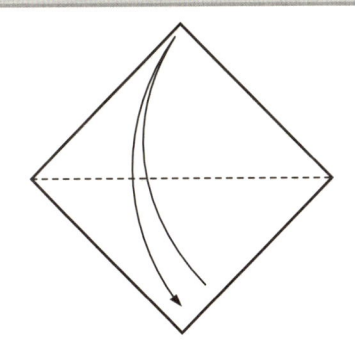

1 折りすじをつけます。

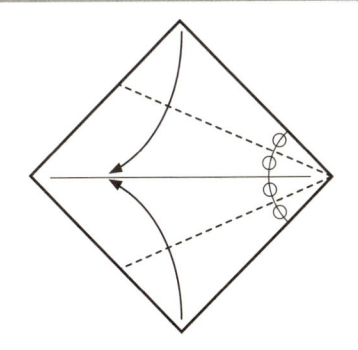

2 1でつけた折り線に合わせて折ります。

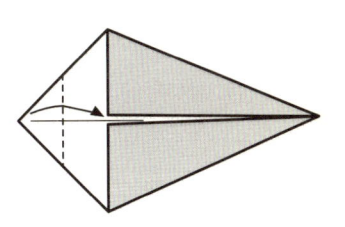

3 図のように折ります。

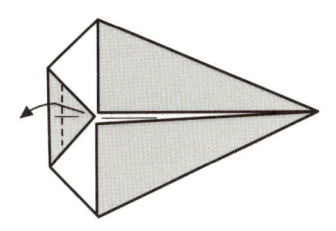

4 谷折りして少し飛び出すように折ります。

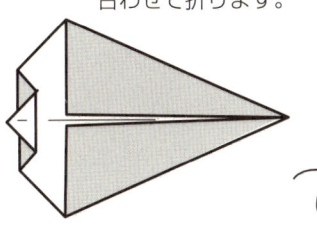

5 折ったところ。

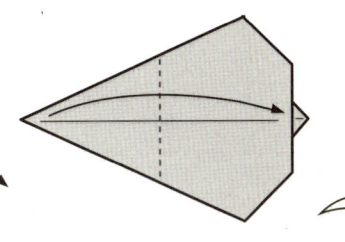

6 半分くらいのところで折ります。

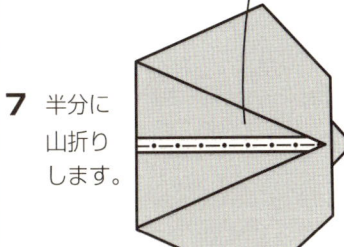

7 半分に山折りします。

8 図のように手で持って上に引き上げます。

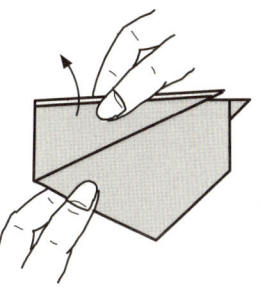

9 切り込みを入れます。

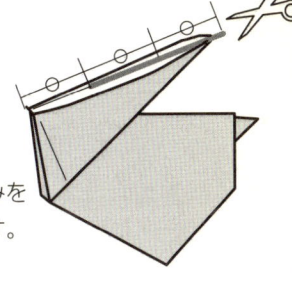

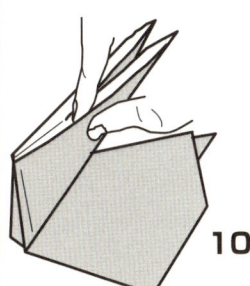

10 耳を広げます。

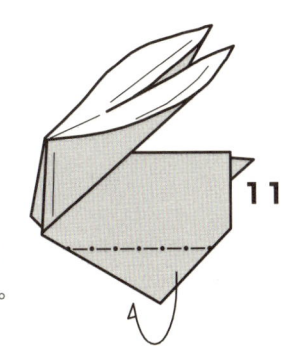

11 下を山折りして裏側に折り込みます。裏も同様にします。

できあがり！

73

冬 winter

お祝いの箸袋

- 紙……和紙
- 紙の大きさ……**A** 26.5cm×19.5cm、12cm×12cm×2分の1(別紙ⓐ)、**B** 24cm×24cm、**C** 19.5cm×26.5cm
- 作品掲載ページ……31ページ

one point advice!
Aは**2**、**3**ともに長さを、**B**は図をよく見て、**C**は**1**の折りすじをよく見て、折るようにしましょう。

お祝いの箸袋 A

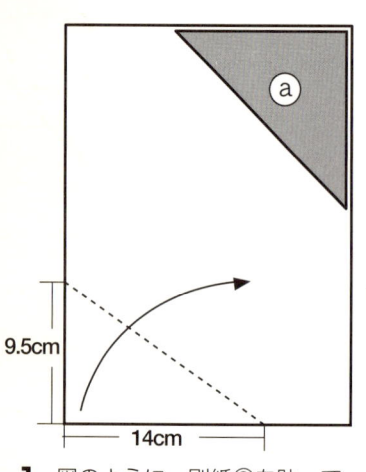

1 図のように、別紙ⓐを貼って谷折りします。

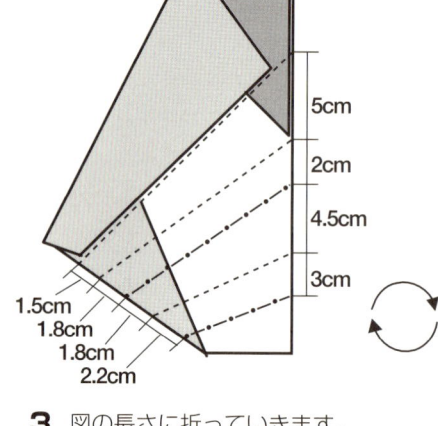

2 ⑦、⑦の順に谷折りします。

3 図の長さに折っていきます。

4 好みの幅の帯を巻いて、できあがり。

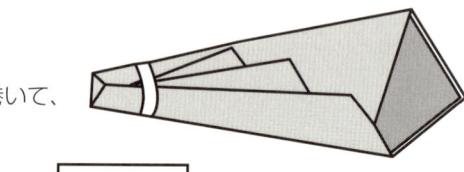

できあがり！

お祝いの箸袋 B

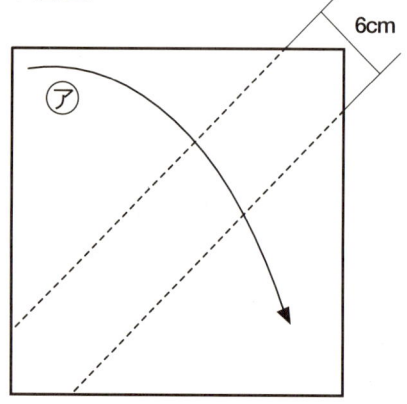

1 ⑦を折ります。

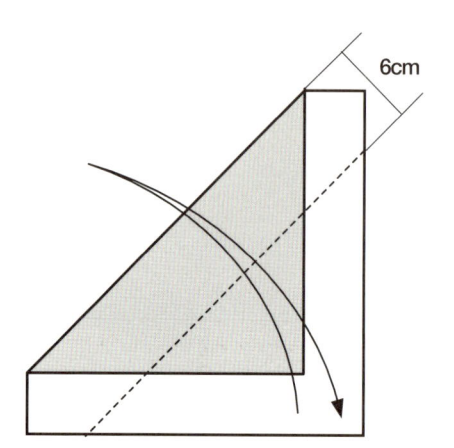

2 折りすじをつけて開きます。

74

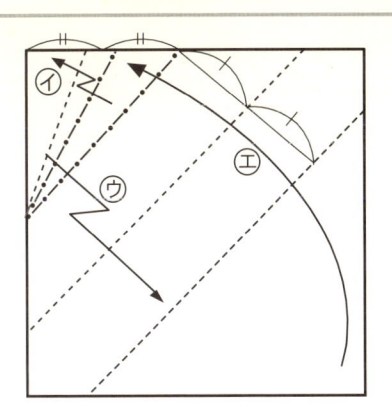

3 ㋑を図のように段折りしてから、㋒、㋓を段折りします。

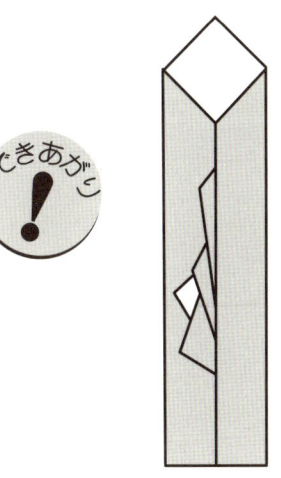

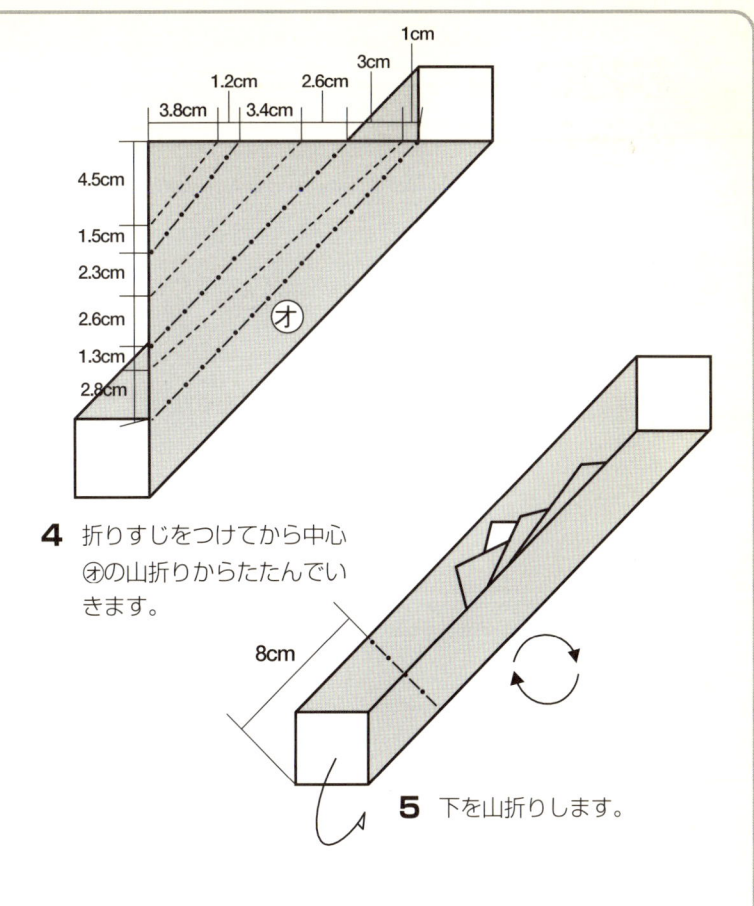

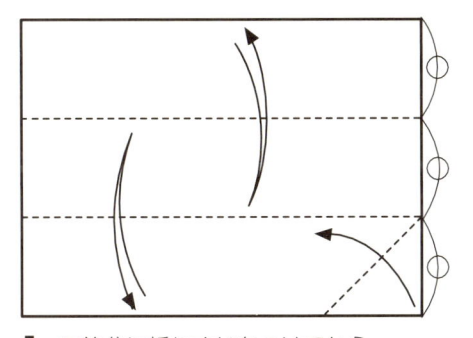

4 折りすじをつけてから中心㋺の山折りからたたんでいきます。

1cm / 3cm / 2.6cm / 1.2cm / 3.4cm / 3.8cm
4.5cm / 1.5cm / 2.3cm / 2.6cm / 1.3cm / 2.8cm
㋔

8cm

5 下を山折りします。

できあがり

お祝いの箸袋 C

1 三等分に折りすじをつけてから、角を三角に折ります。

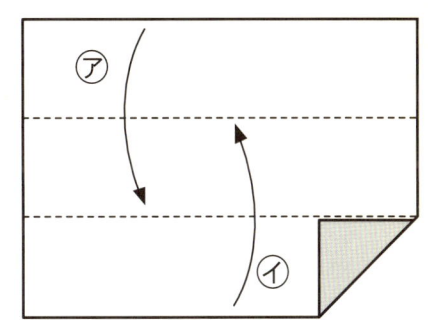

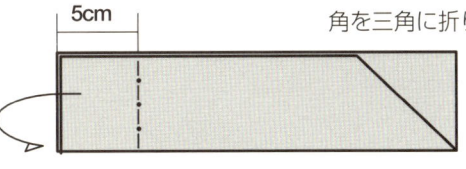

2 ㋐、㋑の順に折ります。

3 5cmほど山折りします。

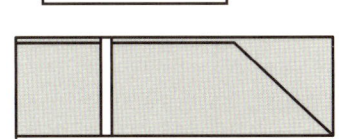

4 好みの幅の帯を巻いて、できあがり。

できあがり

75

冬 winter

プレゼントボックス

- 紙……洋紙
- 紙の大きさ……40cm×40cm（箱）、28cm×28cm（フタ）9cm×9cm（別紙ⓐ）
- 作品掲載ページ……32ページ

● **one point advice!** ●
フタの部分は、**2**以外は箱といっしょです。

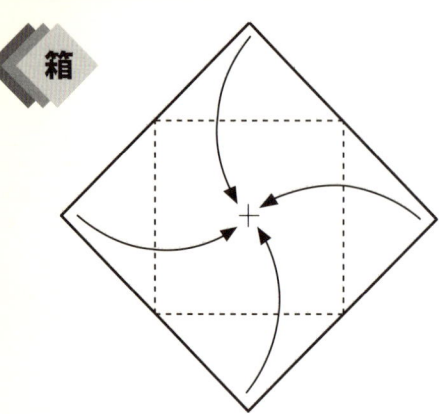

箱

1 中心をえんぴつなどでうすく印をつけ、ざぶとん折り（35ページ）をします。

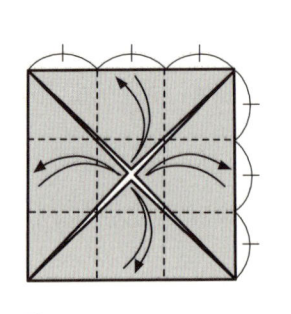

2 それぞれ3等分に折りすじをつけます。

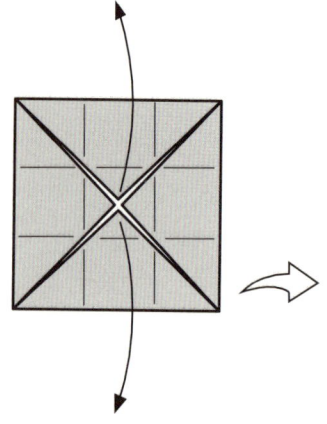

3 上下を開きます。

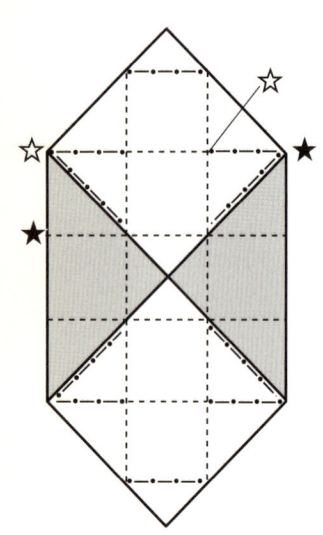

4 山折り線をつけて、折り線を確認します。☆と☆、★と★が合うように立体にします。

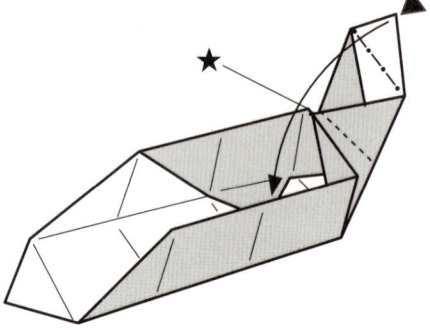

5 ▲がまん中にくるよう折ります。

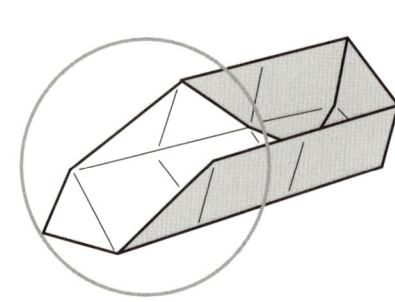

6 ○も**4**、**5**と同様に折ります。

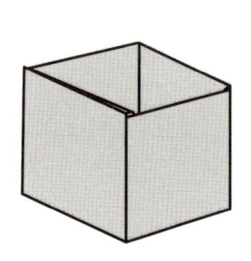

できあがり！

フタ

● one point advice!
フタでは、**8**でハートを切り抜くとき、強く折りすじをつけないようにしましょう。

1 中心をえんぴつなどでうすく印をつけ、ざぶとん折り（35ページ）をします。

2 中心に合わせるように折りすじをつけます。

3 上下を開きます。

4 山折り線をつけて、折り線を確認し、☆と☆が合うように立体にします。

5 ★が中心に来るように折ります。

6 折ったところ。○のところも同様に折ります。

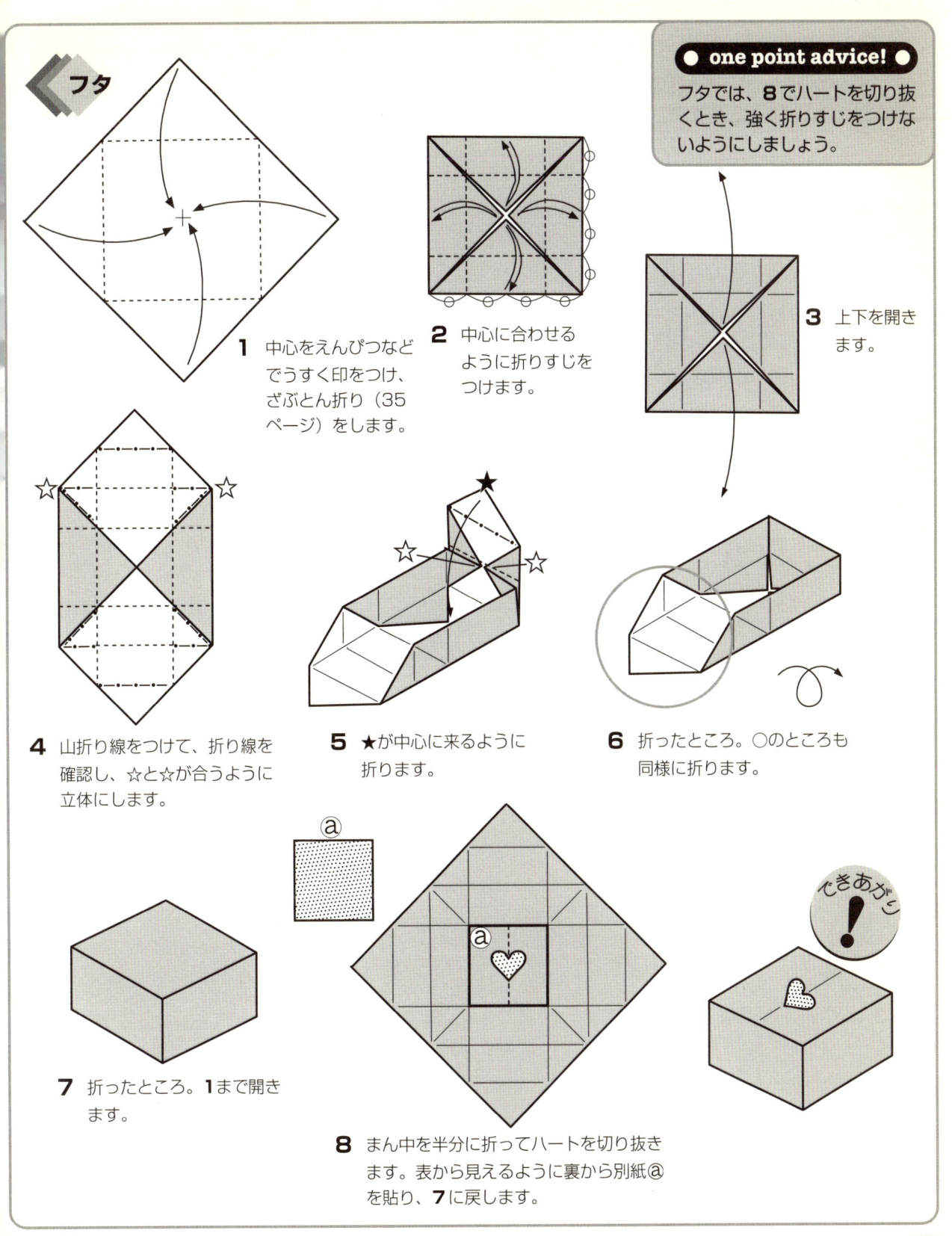

7 折ったところ。**1**まで開きます。

8 まん中を半分に折ってハートを切り抜きます。表から見えるように裏から別紙ⓐを貼り、**7**に戻します。

できあがり！

77

冬 winter

ハートの飾り

- 紙……洋紙
- 紙の大きさ……15cm×15cm、12cm×12cm
- 作品掲載ページ……32ページ

one point advice!
11〜17まで羽をたたむと、細くなります。大きい紙で練習後、折りましょう。

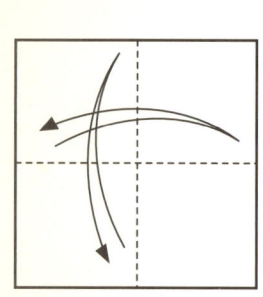

1 折りすじをつけます。

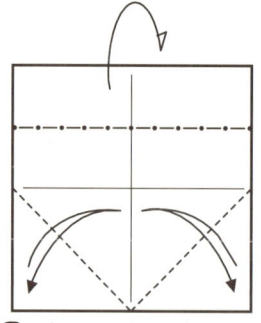

2 上から4分の1のところで山折りします。下半分は角に三角の折りすじをつけます。

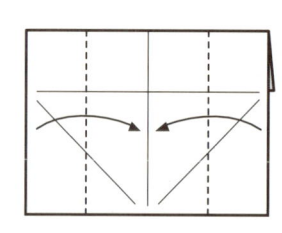

3 まん中の線に合わせるように折ります。

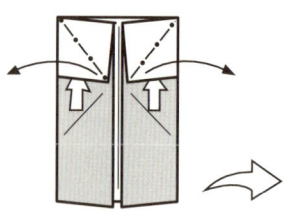

4 間を開いて三角につぶします。

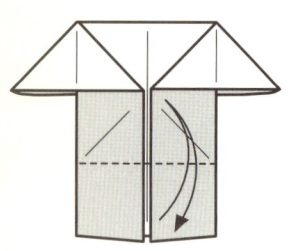

5 折りすじをつけます。

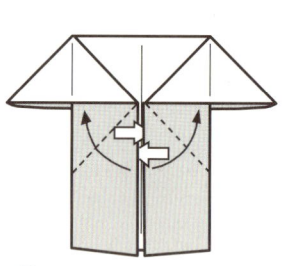

6 上の1枚のみ折り線通りに開きます（7参照）。

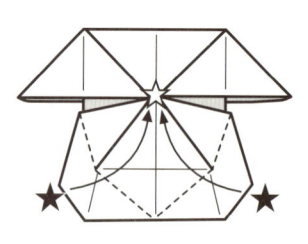

7 ☆に★がつくようにたたみます。

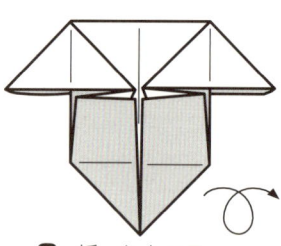

8 折ったところ。

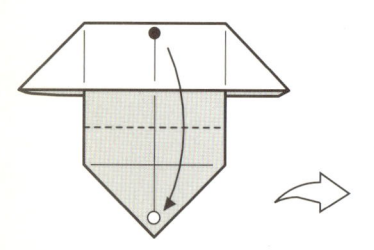

9 ●が○につくように半分に折ります。

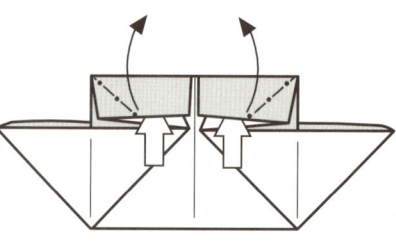

10 折り線通りに折って間を広げます。

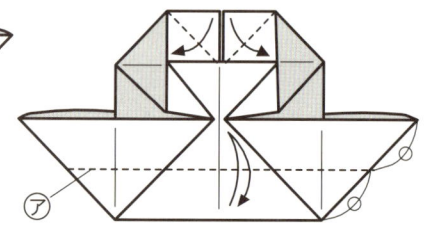

11 上は角を三角に折ります。下は上の紙のみ折りすじをつけます。

12 上の角は少し三角に折ります。下は上の1枚のみ折りすじをつけます。

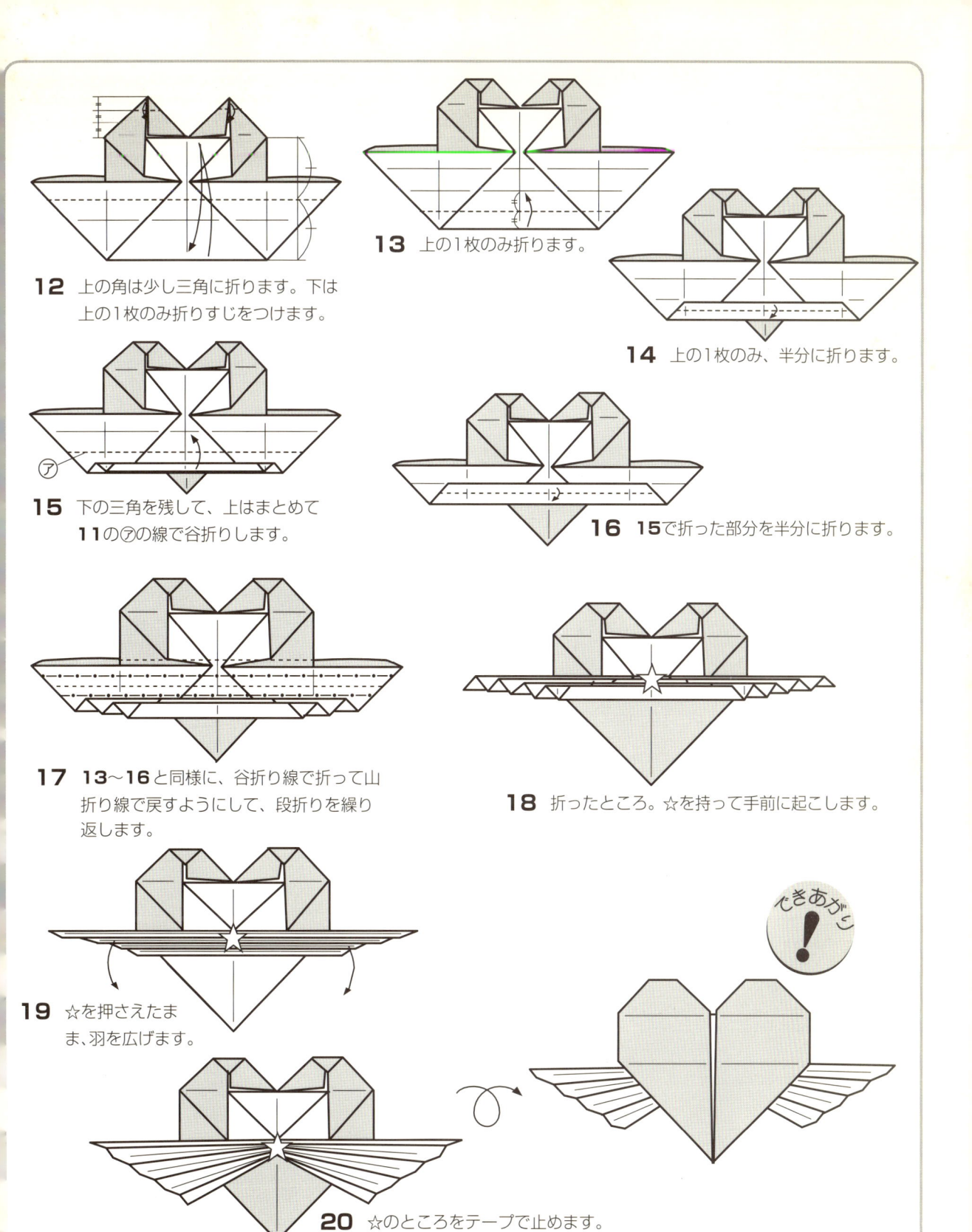

13 上の1枚のみ折ります。

14 上の1枚のみ、半分に折ります。

15 下の三角を残して、上はまとめて11の㋐の線で谷折りします。

16 15で折った部分を半分に折ります。

17 13〜16と同様に、谷折り線で折って山折り線で戻すようにして、段折りを繰り返します。

18 折ったところ。☆を持って手前に起こします。

19 ☆を押さえたまま、羽を広げます。

20 ☆のところをテープで止めます。

できあがり！

79

● 監修者紹介

川島 隆太（かわしま　りゅうた）

1959年千葉県生まれ。東北大学医学部卒業。同大学院研究科修了後、スウェーデン王国カロリンスカ研究所客員研究員、東北大学加齢医学研究所助手、同専任講師を経て、現在同大学未来科学技術共同センター教授。医学博士。
脳のどの部分にどのような機能があるのかを調べる「ブレインイメージング研究」の第一人者。

● 著者紹介

小林 一夫（こばやし　かずお）

1941年東京都生まれ。和紙の老舗「ゆしまの小林」の後継者として染色技術や折り紙などの展示・講演活動を行なっており、海外イベントを多数開催している。
現在、内閣府認証NPO法人国際おりがみ協会（御茶ノ水・おりがみ会館）理事長、全日本紙人形協会会長、朝日カルチャー講師、海外青年協力隊講師、日本製菓学校講師等を務める。

※本誌に掲載されている和紙の柄、色は、ご購入される際、掲載作品のものと異なる場合があります。あらかじめご了承ください。
お問い合わせ・ご注文は下記おりがみ会館までお願いします。
おりがみ会館ホームページからも御注文できます。

御茶ノ水・おりがみ会館
〒113-0034　東京都文京区湯島1-7-14
TEL　03-3811-4025（代）　FAX　03-3815-3348
ホームページ　http://www.origamikaikan.co.jp

※本誌に掲載されている洋紙のお問い合わせ・ご注文

パピエリウム　東京都港区南麻布 4-1-29　広尾ガーデン 2F
　　　　　　　　TEL　03-3442-1108
ボン・カドゥ　東京都渋谷区恵比寿南 2-10-2
　　　　　　　　TEL　03-5724-5190

脳が目覚める 実用 大人の折り紙

2006年3月31日　第1刷発行

監修者　川島隆太
著　者　小林一夫
発行者　高松里江
発行所　きこ書房
　　　　〒163-0264　東京都新宿区西新宿 2-6-1 新宿住友ビル 36F
　　　　TEL　03-3343-5364
　　　　ホームページ　http://www.kikoshobo.com

印　刷　新灯印刷株式会社
製　本　東京美術紙工事業協同組合

ISBN4-87771-176-7　C0030
SSI CORPORATION 2006
Printed in Japan

※本書内容の無断転載・複製を禁じます。
※万一、乱丁・落丁本などの不良品がございましたら小社までお送りください。送料小社負担にて御取り替えいたします。

折り図・作品制作／湯浅信江（おりがみ会館講師）
編集協力／小山宣宏・石川奈都（メディア・ポート）
カバー・本文デザイン／赤瀬久美子（メディア・ポート）
DTP／倉嶋祥郎（創生社）
撮影／梶 洋哉
スタイリング／佐藤朝子
イラスト／海老原ケイ
撮影協力／おりがみ会館
編集／松隈勝之